心一堂術

數古籍珍

本叢刊

書名：哲理電氣命數學─子平部

系列：心一堂術數古籍珍本叢刊　星命類　第三輯　141

作者：【民國】彭仕勛

主編、責任編輯：陳劍聰

心一堂術數古籍珍本叢刊編校小組：陳劍聰　素聞　鄒偉才　虛白盧主

出版：心一堂有限公司

通訊地址：香港九龍旺角彌敦道六一〇號荷李活商業中心十八樓〇五一〇六室

深港讀者服務中心·中國深圳市羅湖區立新路六號羅湖商業大廈負一層〇〇八室

電話號碼：(852)67150840

網址：publish.sunyata.cc

電郵：sunyatabook@gmail.com

網店：http://book.sunyata.cc

淘寶店地址：https://shop210782774.taobao.com

微店地址：https://weidian.com/s/1212826297

臉書：https://www.facebook.com/sunyatabook

讀者論壇：http://bbs.sunyata.cc/

版次：二零一八年四月初版

平裝

定價：港幣　一百六十八元正

　　　新台幣　六百五十元正

國際書號：ISBN 978-988-8316-95-3

香港發行：香港聯合書刊物流有限公司

地址：香港新界大埔汀麗路36號中華商務印刷大廈3樓

電話號碼：(852)2150-2100

傳真號碼：(852)2407-3062

電郵：info@suplogistics.com.hk

台灣發行：秀威資訊科技股份有限公司

地址：台灣台北市內湖區瑞光路七十六巷六十五號一樓

電話號碼：+886-2-2796-3638

傳真號碼：+886-2-2796-1377

網絡書店：www.bodbooks.com.tw

台灣國家書店讀者服務中心：

地址：台灣台北市中山區松江路二〇九號一樓

電話號碼：+886-2-2518-0207

傳真號碼：+886-2-2518-0778

網絡書店：http://www.govbooks.com.tw

中國大陸發行　零售：深圳心一堂文化傳播有限公司

深圳地址：深圳市羅湖區立新路六號羅湖商業大廈負一層〇〇八室

電話號碼：(86)0755-82224934

心一堂微店二維碼

心一堂淘寶店二維碼

心一堂術數古籍 珍本 整理 叢刊 總序

術數定義

術數，大概可謂以「推算（推演）、預測人（個人、群體、國家等）、事、物、自然現象、時間、空間方位等規律及氣數，並或通過種種『方術』，從而達致趨吉避凶或某種特定目的」之知識體系和方法。

術數類別

我國術數的內容類別，歷代不盡相同，例如《漢書·藝文志》中載，漢代術數有六類：天文、曆譜、五行、蓍龜、雜占、形法。至清代《四庫全書》，術數類則有：數學、占候、相宅相墓、占卜、命書、相書、陰陽五行、雜技術等，其他如《後漢書·方術部》、《藝文類聚·方術部》、《太平御覽·方術部》等，對於術數的分類，皆有差異。古代多把天文、曆譜、及部分數學均歸入術數類，而民間流行亦視傳統醫學作為術數的一環；此外，有些術數與宗教中的方術亦往往難以分開。現代民間則常將各種術數歸納為五大類別：命、卜、相、醫、山，通稱「五術」。

本叢刊在《四庫全書》的分類基礎上，將術數分為九大類別：占筮、星命、相術、堪輿、選擇、三式、讖諱、理數（陰陽五行）、雜術（其他）。而未收天文、曆譜、算術、宗教方術、醫學。

術數思想與發展——從術到學，乃至合道

我國術數是由上古的占星、卜筮、形法等術發展下來的。其中卜筮之術，是歷經夏商周三代而通過「龜卜、蓍筮」得出卜（筮）辭的一種預測（吉凶成敗）術，之後歸納並結集成書，此即現傳之《易

経》。經過春秋戰國至秦漢之際，受到當時諸子百家的影響、儒家的推崇，遂有《易傳》等的出現，原本是卜筮術書的《易經》，被提升及解讀成有包涵「天地之道（理）」之學。因此，《易·繫辭傳》曰：「易與天地準，故能彌綸天地之道。」

漢代以後，易學中的陰陽學說，與五行、九宮、干支、氣運、災變、律曆、卦氣、讖緯、天人感應說等相結合，形成易學中象數系統。而其他原與《易經》本來沒有關係的術數，如占星、形法、選擇，亦漸漸以易理（象數學說）為依歸。《四庫全書·易類小序》云：「術數之興，多在秦漢以後。要其旨，不出乎陰陽五行，生尅制化。實皆《易》之支派，傳以雜說耳。」至此，術數可謂已由「術」發展成「學」。

及至宋代，術數理論與理學中的河圖洛書、太極圖、邵雍先天之學及皇極經世等學說給合，通過術數以演繹理學中「天地中有一太極，萬物中各有一太極」（《朱子語類》）的思想。術數理論不單已發展至十分成熟，而且也從其學理中衍生一些新的方法或理論，如《梅花易數》、《河洛理數》等。

在傳統上，術數功能往往不止於僅作為趨吉避凶的方術，及「能彌綸天地之道」的學問，亦有其「修心養性」的功能，「與道合一」（修道）的內涵。《素問·上古天真論》：「上古之人，其知道者，法於陰陽，和於術數。」數之意義，不單是外在的算數、歷數、氣數，而是與理學中同等的「道」、「理」--心性的功能，北宋理氣家邵雍對此多有發揮：「聖人之心，是亦數也」、「萬化萬事生乎心」、「心為太極」。《觀物外篇》：「先天之學，心法也。……蓋天地萬物之理，盡在其中矣，心一而不分，則能應萬物。」反過來說，宋代的術數理論，受到當時理學、佛道及宋易影響，認為心性本質上是等同天地之太極。天地萬物氣數規律，能通過內觀自心而有所感知，即是內心也已具備有術數的推演及預測、感知能力；相傳是邵雍所創之《梅花易數》，便是在這樣的背景下誕生。

《易·文言傳》已有「積善之家，必有餘慶；積不善之家，必有餘殃」之說，至漢代流行的災變說及讖緯說，我國數千年來都認為天災，異常天象（自然現象），皆與一國或一地的施政者失德有關；下

至家族、個人之盛衰，也都與一族一人之德行修養有關。因此，我國術數中除了吉凶盛衰理數之外，人心的德行修養，也是趨吉避凶的一個關鍵因素。

術數與宗教、修道

在這種思想之下，我國術數不單只是附屬於巫術或宗教行為的方術，又往往是一種宗教的修煉手段，通過術數，以知陰陽，乃至合陰陽（道）。「其知道者，法於陰陽，和於術數。」例如，「奇門遁甲」術中，即分為「術奇門」與「法奇門」兩大類。「法奇門」中有大量道教中符籙、手印、存想、內煉的內容，是道教內丹外法的一種重要外法修煉體系。甚至在雷法一系的修煉上，亦大量應用了術數內容。此外，相術、堪輿術中也有修煉望氣（氣的形狀、顏色）的方法；堪輿家除了選擇陰陽宅之吉凶外，也有道教中選擇適合修道環境（法、財、侶、地中的地）的方法，以至通過堪輿術觀察天地山川陰陽之氣，亦成為領悟陰陽金丹大道的一途。

易學體系以外的術數與的少數民族的術數

我國術數中，也有不用或不全用易理作為其理論依據的，如揚雄的《太玄》、司馬光的《潛虛》。也有一些占卜法、雜術不屬於《易經》系統，不過對後世影響較少而已。

外來宗教及少數民族中也有不少雖受漢文化影響（如陰陽、五行、二十八宿等學說。）但仍自成系統的術數，如古代的西夏、突厥、吐魯番等占卜及星占術，藏族中有多種藏傳佛教占卜術、苯教占卜術、擇吉術、推命術、相術等；北方少數民族有薩滿教占卜術；不少少數民族如水族、白族、布朗族、佤族、彝族、苗族等，皆有占雞（卦）草卜、雞蛋卜等術，納西族的占星術、占卜術，彝族畢摩的推命術、占卜術⋯⋯等等，都是屬於《易經》體系以外的術數。相對上，外國傳入的術數以及其理論，對我國術數影響更大。

曆法、推步術與外來術數的影響

我國的術數與曆法的關係非常緊密。早期的術數中，很多是利用星宿或星宿組合的位置（如某星在某州或某宮某度）付予某種吉凶意義，并據之以推演，例如歲星（木星）、月將（某月太陽所躔之宮次）等。不過，由於不同的古代曆法推步的誤差及歲差的問題，若干年後，其術數所用之星辰的位置，已與真實星辰的位置不一樣了；此如歲星（木星），早期的曆法及術數以十二年為一周期（以應地支），與木星真實週期十一點八六年，每幾十年便錯一宮。後來術家又設一「太歲」的假想星體來解決，是歲星運行的相反，需要到雨水節氣後太陽才躔娵訾之次而稱作「登明亥將」，至宋代，因歲差的關係，要到雨水節氣後太陽才躔娵訾之次，當時沈括提出了修正，但明清時六壬術中「月將」仍然沿用宋代沈括修正的起法沒有再修正。

由於以真實星象周期的推步術是非常繁複，而且古代星象推步術本身亦有不少誤差，大多數術數除依曆書保留了太陽（節氣）、太陰（月相）的簡單宮次計算外，漸漸形成根據干支、日月等的各自起例，以起出其他具有不同含義的眾多假想星象及神煞系統。唐宋以後，我國絕大部分術數都主要沿用這一系統，也出現了不少完全脫離真實星象的術數，如《子平術》、《紫微斗數》、《鐵版神數》等。後來就連一些利用真實星辰位置的術數，如《七政四餘術》及選擇法中的《天星選擇》，也已與假想星象及神煞混合而使用了。

隨着古代外國曆（推步）、術數的傳入，如唐代傳入的印度曆法及術數，元代傳入的回回曆等，其中我國占星術便吸收了印度占星術中羅睺星、計都星等而形成四餘星，又通過阿拉伯占星術而吸收了其中來自希臘、巴比倫占星術的黃道十二宮、四大（四元素）學說（地、水、火、風），並與我國傳統的二十八宿、五行說、神煞系統並存而形成《七政四餘術》。此外，一些術數中的北斗星名，不用我國傳統的星名：天樞、天璇、天璣、天權、玉衡、開陽、搖光，而是使用來自印度梵文所譯的：貪狼、巨

門、祿存、文曲、廉貞、武曲、破軍等，此明顯是受到唐代從印度傳入的曆法及占星術所影響。如星命術中的《紫微斗數》及堪輿術中的《撼龍經》等文獻中，其星皆用印度譯名。及至清初《時憲曆》，置閏之法則改用西法「定氣」。清代以後的術數，又作過不少的調整。

此外，我國相術中的面相術、手相術，唐宋之際受印度相術影響頗大，至民國初年，又通過翻譯歐西、日本的相術書籍而大量吸收歐西相術的內容，形成了現代我國坊間流行的新式相術。

陰陽學——術數在古代、官方管理及外國的影響

術數在古代社會中一直扮演着一個非常重要的角色，影響層面不單只是某一階層、某一職業、某一年齡的人，而是上自帝王，下至普通百姓，從出生到死亡，不論是生活上的小事如洗髮、出行等，大事如建房、入伙、出兵等，從個人、家族以至國家，從天文、氣象、地理到人事、軍事，從民俗、學術到宗教，都離不開術數的應用。我國最晚在唐代開始，已把以上術數之學，稱作陰陽（學），行術數者稱陰陽人。（敦煌文書、斯四三二七唐《師師漫語話》：「以下說陰陽人謾語話」，此說法後來傳入日本，今日本人稱行術數者為「陰陽師」）。一直到了清末，欽天監中負責陰陽術數的官員中，以及民間術數之士，仍名陰陽生。

古代政府的中欽天監（司天監），除了負責天文、曆法、輿地之外，亦精通其他如星占、選擇、堪輿等術數，除在皇室人員及朝庭中應用外，也定期頒行日書、修定術數，使民間對於天文、日曆用事吉凶及使用其他術數時，有所依從。

我國古代政府對官方及民間陰陽學及陰陽官員，從其內容、人員的選拔、培訓、認證、考核、律法監管等，都有制度。至明清兩代，其制度更為完善、嚴格。

宋代官學之中，課程中已有陰陽學及其考試的內容。（宋徽宗崇寧三年〔一一零四年〕崇寧算學令：「諸學生習……並曆算、三式、天文書。」「諸試……三式即射覆及預占三日陰陽風雨。天文即預

定一月或一季分野災祥，並以依經備草合問為通。」

金代司天臺，從民間「草澤人」（即民間習術數人士）考試選拔：「其試之制，以《宣明曆》試推步，及《婚書》、《地理新書》試合婚、安葬，並《易》筮法、六壬課、三命、五星之術。」（《金史》卷五十一·志第三十二·選舉一）

元代為進一步加強官方陰陽學對民間的影響、管理、控制及培育，更在地方上增設陰陽學教授員，培育及管轄地方陰陽人。（《元史·選舉志一》：「世祖至元二十八年夏六月始置諸路陰陽學。」）地方上也設陰陽學教授員，於路、府、州設教授員，凡陰陽人皆管轄之，選舉志一》：「（元仁宗）延祐初，令陰陽人依儒醫例，於路、府、州設教授員，凡陰陽人皆管轄之，而上屬於太史焉。」）自此，民間的陰陽術士（陰陽人），被納入官方的管轄之下。

至明清兩代，陰陽學制度更為完善。中央欽天監掌管陰陽學，明代地方縣設陰陽學正術，各州設陰陽學典術，各縣設陰陽學訓術。陰陽人從地方陰陽學肄業或被選拔出來後，再送到欽天監考試。（《大明會典》卷二二三：「凡天下府州縣舉到陰陽人堪任正術等官者，俱從吏部送（欽天監），考中，送回選用；不中者發回原籍為民，原保官吏治罪。」）清代大致沿用明制，凡陰陽術數之流，悉歸中央欽天監及地方陰陽官員管理、培訓、認證。至今尚有「紹興府陰陽印」、「東光縣陰陽學記」等明代銅印，及某某縣某某之清代陰陽執照等傳世。

清代欽天監漏刻科對官員要求甚為嚴格。《大清會典》「國子監」規定：「凡算學之教，設肄業生。滿洲十有二人，蒙古、漢軍各六人，於各旗官學內考取。漢十有二人，於舉人、貢監生童內考取。附學生二十四人，由欽天監選送。教以天文演算法諸書，五年學業有成，舉人引見以欽天監博士用，貢監生以天文生補用。」學生在官學肄業、貢監生肄業或考得舉人後，經過了五年對天文、算法、陰陽學的學習，其中精通陰陽術數者，會送往漏刻科。而在欽天監供職的官員，《大清會典則例》「欽天監」規定：「本監官生三年考核一次，術業精通者，保題升用。不及者，停其升轉，再加學習。如能黽

勉供職，即予開復。仍不及者，降職一等，再令學習三年，能習熟者，准予開復，仍不能者，黜退。」

《大清律例‧一七八‧術七‧妄言禍福》：「凡陰陽術士，不許於大小文武官員之家妄言禍福，違者杖

一百。其依經推算星命卜課，不在禁限。」大小文武官員延請的陰陽術士，自然是以欽天監漏刻科官員

或地方陰陽官員為主。

官方陰陽學制度也影響鄰國如朝鮮、日本、越南等地，一直到了民國時期，鄰國仍然沿用着我國的

多種術數。而我國的漢族術數，在古代甚至影響遍及西夏、突厥、吐蕃、阿拉伯、印度、東南亞諸國。

術數研究

術數在我國古代社會雖然影響深遠，「是傳統中國理念中的一門科學，從傳統的陰陽、五行、九

宮、八卦、河圖、洛書等觀念作大自然的研究。……傳統中國的天文學、數學、煉丹術等，要到上世紀

中葉始受世界學者肯定。可是，術數還未受到應得的注意。術數在傳統中國科技史、思想史，文化史、

社會史，甚至軍事史都有一定的影響。……更進一步了解術數，我們將更能了解中國歷史的全貌。」

（何丙郁《術數、天文與醫學中國科技史的新視野》，香港城市大學中國文化中心。）

可是術數至今一直不受正統學界所重視，加上術家藏秘自珍，又揚言天機不可洩漏，「（術數）乃

吾國科學與哲學融貫而成一種學說，數千年來傳衍嬗變，或隱或現，全賴一二有心人為之繼續維繫，賴

以不絕，其中確有學術上研究之價值，非徒癡人說夢，荒誕不經之謂也。其所以至今不能在科學中成立

一種地位者，實有數因。蓋古代士大夫階級目醫卜星相為九流之學，多恥道之；而發明諸大師又故為恍

恍迷離之辭，以待後人探索；間有一二賢者有所發明，亦秘莫如深，既恐洩天地之秘，復恐譏為旁門左

道，始終不肯公開研究，成立一有系統說明之書籍，貽之後世。故居今日而欲研究此種學術，實一極困

難之事。」（民國徐樂吾《子平真詮評註》，方重審序）

現存的術數古籍，除極少數是唐、宋、元的版本外，絕大多數是明、清兩代的版本。其內容也主要是明、清兩代流行的術數，唐宋或以前的術數及其書籍，大部分均已失傳，只能從史料記載、出土文獻、敦煌遺書中稍窺一鱗半爪。

術數版本

坊間術數古籍版本，大多是晚清書坊之翻刻本及民國書賈之重排本，其中豕亥魚魯，或任意增刪，往往文意全非，以至不能卒讀。現今不論是術數愛好者，還是民俗、史學、社會、文化、版本等學術研究者，要想得一常見術數書籍的善本、原版，已經非常困難，更遑論如稿本、鈔本、孤本等珍稀版本。

在文獻不足及缺乏善本的情況下，要想對術數的源流、理法、及其影響，作全面深入的研究，幾不可能。

有見及此，本叢刊編校小組經多年努力及多方協助，在海內外搜羅了二十世紀六十年代以前漢文為主的術數類善本、珍本、鈔本、孤本、稿本、批校本等數百種，精選出其中最佳版本，分別輯入兩個系列：

一、心一堂術數古籍珍本叢刊

二、心一堂術數古籍整理叢刊

前者以最新數碼（數位）技術清理、修復珍本原本的版面，更正明顯的錯訛，部分善本更以原色彩色精印，務求更勝原本。並以每百多種珍本、一百二十冊為一輯，分輯出版，以饗讀者。

後者延請、稿約有關專家、學者，以善本、珍本等作底本，參以其他版本，古籍進行審定、校勘、注釋，務求打造一最善版本，方便現代人閱讀、理解、研究等之用。

限於編校小組的水平，版本選擇及考證、文字修正、提要內容等方面，恐有疏漏及舛誤之處，懇請方家不吝指正。

心一堂術數古籍　珍本　叢刊編校小組

二零零九年七月序

二零一四年九月第三次修訂

自序

命數之學以示人吉凶使知趨避造福人類爲宗旨古人立法流傳後世其用心至

苦而至公惟高明者藉以逞才漏泄天道下愚者假此漁利欺詐平民於是高人正

士遂以讖緯數術輕之異端末技斥之抑知命數窮通雖聖賢鬼神莫能易孔曰居

易俟命。孟曰修身立命蓋深知命理之關係甚大也然人類既生以後命定已難挽

回。未生以前造命乃有根據故君相造命聖人傲命、君子安命小人逆命傲命者雖

以學問道德行之然孔子絕糧顏回夭壽補救已屬難能而下此無論已可見人生

斯世論境遇則當安命論培植則當造命論成敗則當知命倘不知福力之厚薄氣

魂之大小動欲希圖非分未有不遭橫逆者也但知命之學古今不少專書自唐袁

守成作五星指南始其後如呂才之合婚書一行之星歷書五代之轆轤書前宋之

殿駕書南宋遂金之喬扐書元室裴大猷之蘩堂虛實書大抵以人之生年納音所

屬身命之限度爲主七曜四餘爲用各有精義難以言窮至明朝徐均作子平書乃

以日干為主月令為用神歲時為輔佐推命之法至此畧備前清以還又有神峯通
考三命通會諸書發明至理然皆以河圖洛書為根本其文字不免瑣煩抑知人生
受氣均出口中之陰陽心氣而來而圖書均屬偽造神將亦多荒唐今皆刪而只留
其精要惟查子平之用支干乃屬電氣之變化支干之分四柱能判受氣之重輕故
就其五行立為四柱以日為身主月為巢穴歲時為門戶蓋欲稱其分量以取用神
並欲考年月日時之四氣平與不平而歸于中平之義也故名曰子平例如木旺於
春而甲乙命人春生則木命太旺而不平必需金克以成材火洩以發秀其金火即
為用神如柱運有金火則彫琢成器即知此命之顯榮無金火則叢林未闢即知此
人之愚賤此太過者宜抑歸平正而以金火用神為重如單取木命為曲直仁壽諸
格則淺又如火衰於冬而丙丁命人冬生則火命太弱而不平必需木生以發光火
扶以助焰其木火即為用神如柱運有木火則此人發達無木火則斷此人衰微
此不及者宜扶歸平和而以木火用神為重如單取火命為火土傷官諸格則泥此

二

子平所以重用神而不重格局。且因時因命以取用神而不專以月建為用神也但造化有偏勝稟賦乃有專長過不及者皆一偏之病也救其病則謂之藥有病有藥者吉。有病無藥者凶。無病無藥者庸而藥病之來源仍不外受電氣之清濁衰旺推算家查其清在何處濁在何宮旺有若干衰有幾何或可以使歸平正或難以就平直得其用神所在如得驪珠不但個人之成敗可知即六親之休咎亦見矣然本此世以救世則可。專此術以自私則末矣此序。

子平例言五則

一子平命元以日干為主係出歷代學者研究經驗而得頗有實效與他書以年月

為本命者不同。

一子平推算當以正五行為主無論何種格局何等變化而正五行之生性總難滅

沒他書兼用納音納甲及龍虎從化等皆失真性而多不驗

一子平論命有四要一以日主衰旺看氣魄之強弱二以四柱生克看福澤之大小。

三以大運吉凶看際遇之亨迍四以命中刑冲生合看根基之厚薄此外胎元

坐度大小限等皆以四者為轉移四者強而凡事皆吉四者弱而諸事成凶但

子平之法雖其術亦只可推算六七成故當多列他法以補之。

一子平以年月日時立法取其簡單明燎便於普通應用故吉凶易明然因其簡單

即不免缺漏若以六壬奇門法証之除年月各有公位神將外而日干成二課

日支成二課又從四課變出三傳從三傳變出四貴九遁較子平多十餘法門。

故推算較為精確。

一人命受五行之電氣以生各有衰旺生死之地。巳於五天五氣中言之。如誤入本命衰死之坐宅方道則電氣以冲突而生凶反此則吉如此等類皆為子平所略。巳編入六出奇門中茲不贅。

哲電命數學第二冊子平部目錄

自序　例言

第一章　起年月日時四柱法　第一節年月關係　第二節別命日時關係　第

三節女命日時關係

第二章　起大小運法　第一節查運法　第二節查當生根基　第三節安身命

法　第四節起大限小限月限鬼限

第三章　財官印食四要義　第一節正官　（一）年上正官格　（二）月上正官

格　（三）官殺祿印俱全格　（四）刑中遇貴格

第二節偏官　（一）年上七殺格　（二）月上七殺格　（三）支上七殺格　（

四）時上七殺格　（五）棄命從殺格　（六）會殺化印格　（七）旺殺歸庫格

（八）專殺制格　（九）官殺去留格

第三節正財偏財　（一）月上正財格　（二）日主坐財格　（三）月上偏正財

格 （四）日臨財庫格 （五）藥命從財格 （六）時上專財格 （七）雜氣財

官印綬格

第四節 正印偏印 （一）化鬼爲印格 （二）陽刃化印格 （三）財逢生印格

（四）藥印從財格 （五）印多喜制格 （六）梟喜制合格

第五節 傷官食神 （一）喜見財官格 （二）見殺有制格 （三）食神同窠格

（四）食神帶合格 （五）專食合祿格

第四章 東方木電甲命三等九級格局 第一節 甲命上等格局 第二節 甲命

中等格局 第三節 甲命下等格局

第五章 東方木電乙命三等九級格局 第一節 乙命上等格局 第二節 乙命

中等格局 第三節 乙命下等格局

第六章 南方火電丙命三等九級格局 第一節 丙命上等格局 第二節 丙命

中等格局 第三節 丙命下等格局

第七章　南方火電丁命三等九級格局　　第一節丁命上等格局　　第二節丁命

中等格局　　第三節丁命下等格局

第八章　中央七電戊命三等九級格局　　第一節戊命上等格局　　第二節戊命

中等格局　　第三節戊命下等格局

第九章　中央土電己命三等九級格局　　第一節己命上等格局　　第二節己命

中等格局　　第三節己命下等格局

第十章　西方金電庚命三等九級格局　　第一節庚命上等格局　　第二節庚命

中等格局　　第三節庚命下等格局

第十一章　西方金電辛命三等九級格局　　第一節辛命上等格局　　第二節辛

命中等格局　　第三節辛命下等格局

第十二章　北方水電壬命三等九級格局　　第一節壬命上等格局　　第二節壬

命　中等格局　　第三節壬命下等格局

第十三章　北方水心癸命三等九級格局　第一節癸命上等格局　第二節癸

命中等格局　第三節癸命下等格局

第一章　起年月日時四柱法

年月日時之關係最大以大者言則以年為天子月為諸候日為縣令時為庶民以

小者言則以年為祖宗月為父母兄弟日干為本身日支為妻亥時上為子孫為歸

結以一生言則年為根月為苗日為花時為果故苗無根不生果無花不結花又無

果不成某處有生比刑冲即知某處之吉凶榮辱故月從年起時從月起雖是四柱

只以年日為根本今分列後。

詩曰甲己之年丙寅首乙庚之歲戊寅頭丙辛再向庚寅起丁壬壬寅順行流試問

戊癸從何起甲寅之上好追求。　此即年上起月法如今年甲子三月生人即用甲

己之年起丙寅為正月丁卯為二月戊辰為三月也。餘照推。

又曰甲己還加甲乙庚丙作初丙辛從戊起丁壬庚子居戊癸從何起壬子是直途。

此即日上起時法如今日乙卯時生人即用乙庚丙作初起丙子丁丑戊寅己

卯庚辰既為辰時生人即得庚辰時也合前年月即成四柱為甲子戊辰乙卯庚

辰但年上起月名爲五虎遁從寅月起月上起時名五鼠遁從子時起此其別也。

寶則二而一也

第一節　年月關係

年上財官祖宗顯月家官殺兄弟零年看祖宗興廢事月推父母定留存月見官殺

無沖絕父母雙全忌弟兄　年爲祖宗宮如臨財官坐祿馬主祖宗榮顯祖業富厚。

若坐比肩剋財刑破空亡各殺則主祖宗零落月爲父母弟兄宮亦同然年月二宮

亦當介看若歲月無財官俱主根基淺薄白手成家若月上見官殺無沖絕則父母

雙夫反此得蔭不久惟月上見兄弟則主剋財。

月令官殺若司權手足損傷爭門言曰月通氣比肩旺鴻雁成羣當細談命主比剋

皆旺相因財爭門少慈恩　比肩爲兄弟月建爲門戶月上見官殺爲兄弟宮受剋

故主損兄弟或弟兄不和若日月通氣比肩又旺主鴻雁成羣但日主根多比肩太

旺反主參商因弟兄剋財日主旺則爭財而無恩讓也故當細推。

偏財爲父正印母剋重父傷財母亡官殺爲子忌傷食剋日太過子亦傷歲月若無

財官兒根基淺薄白手強　經曰偏財爲父比剋重重損父親正印爲母財星旺處

損母身官殺爲子傷食多則子損然官殺太重剋制日主則自救不暇安能生子又

須傷食制官殺乃生子凡男女皆然但歲月無財官又主根基淺薄白手成家

月逢七殺傷弟兄乙木忌辛甲忌庚身旺逢殺反爲夫殺如有制威亦增　月爲兄

弟姊妹如月逢七殺主手足不利或無靠或損傷但殺宜有制乃佳如貴世凱之造

乙未年癸酉月丁巳日丁未時月上癸殺透出年上巳土制之故殺得中和不至亂

用然於子足多不和此其例也

第二節　男命日時關係即男命看法

男命先看日盛衰次從財官強弱排日旺財官又得地子孫賢孝福祿諧月衰財官

又敗絕貧窮到老子息乖日旺財官遇衰絕運行財官福即來日窮財官反旺相運

行身旺即任財　凡看男命重財官官爲子息財妻言印綬雙親比兄弟生死衰旺

一三

仔細看財死傷妻官死子印死主父比兄弟凡遇刑冲空墓絕皆與死字一同例。

財旺官窮終必貴官旺財絕貴不終財星入庫喜冲破官空遇冲暫時雄官若有冲

還有合頭角蟬蝶吉化凶。日時官星得祿旺定生賢嗣出墓才時上官星若無氣有

子不賢亦冤哉日時傷官見羊刃子夏晚年徒喪明財官空亡或死惡妻子中途亦

難成　日干為命支為妻年為本命祖根基年命生合多祖業若逢克戰祖業稀支

上財星又得合賢女助內庭財齊　日干為命主日支為妻宮年上為祖業根本若

日時與年上干支生合或有財官貴氣主祖業豐厚根基穩固若與年上刑冲破害。

則為本主不合主祖業無靠白手成家

干支相同招妻財年時財官可救災。不見財官月父旺貴窮已極禍復來　如甲寅

乙卯庚申日等皆是干支相同因日支為妻財被比肩所刧故損妻財若年時見財

官宜助可減輕若年時不見財官父無格局主極貧

男女子息分等差女看傷食男官殺再看時辰何分野生旺榮枯仔細查假如庚日

生午時午為丁祿子亦隹若生成亥子衰絕獨貧賤子嗣矣　如庚日午時男以

丁官為子丁祿在午當生貴子如生成亥子時為丁火衰絕則生孤獨貧賤子或僧

道螟蛉子再查在長生冠帶帝旺富則子多賢而富貴在衰病死衰絕或胞胎刑冲

地則反此

第三節　女命日時關係 即女命看法

女命以官為夫星傷食子女印綬親比肩兄弟與姐妹俱宜生旺忌死刑官死刑夫

傷食子印死親亡比弟兄財旺生官夫乃旺夫榮始得貴子生　女命遇官臨死絕

或刑冲破害空亡等則主刑夫見傷食印綬比刧皆照推惟財旺生官乃主夫榮有

夫乃有子也

主死夫亡貧賤命夫榮子秀富貴人有子有夫本貧賤身居衰地或冲刑無子無夫

轉昌盛身居旺地福德親女命傷官福不眞無財無印受孤貧局中若見傷官透必

作堂前使喚人食神太多為尼妓貴人專一必昌榮。

傷官太旺若無財、一對鴛鴦兩折開。干頭戊己土重見、心內玲瓏發展乖。柱中梟食

並傷官子死夫亡是兩端。財食官印女命喜梟食官印。女命傷官格內嫌帶

才帶印福方堅傷官旺處傷夫主破了傷官損壽元

梟食傷官若見財決然有子不須猜支內財官印綬眾非淫即此損兒孩癸日生人

用戊官少年嫁與白頭歡若還酉亥支中兒夜郎飲酒到夜間　有夫帶合須要正

有合無夫是偏房官殺重犯成下格傷官重合更不祥干支暗合貴人多畫眉咬指

笑呵呵支內暗藏官帶合偏房得寵兩情多金水傷官柱內逢其人如玉更玲瓏有

財帶印隨夫貴淑善幽閒主饋中。

凡為女命喜身弱正氣官星要得祿有財無殺混官星定配賢良富貴族無官便要

看財星財旺生官富貴眞食神財祿俱旺相子貴夫榮理最明食神祿旺官財弱子

貴夫戀無所託財官敗絕食神衰夫子兩般皆庸碌財官得祿食神強子貴夫榮受

封章官梟損夫食墓子食多父母必早亡日時辰戌兩相沖旣作偏房又守空雖然

有子難為貴百歲光陰不善終子午卯酉號桃花官帶桃花福祿誇殺帶桃花貧且

賤為娼為妓走天涯

擇婦沉靜安純和察理詳明不用多選此崖泉如鏡賦千秋看法永不磨木火逢蛇

多無婚在亥坐財能生夫戌申坐庚克夫婚甲寅夫絕主孀居　乙巳日主巳中有

庚夫巳為金長生又克庚金若再刑沖等則損夫否則旺夫丁巳日主巳中有庚財。

財能生夫若無刑害等亦吉須細推之。辛亥日中甲木為正財生丙丁夫星戌申

日坐中庚金克甲乙夫星皆吉惟甲寅日甲以金為夫金絕於寅故主居孀

傷食過多損精神多土無兒喜甲星印來制食精神歙食少印多又生嗔財官旺而

日主弱夫家興而母家滅財官弱兮日主強母家雖旺夫埋沒　女命固以傷食為

子然傷食多則洩氣又難生子或生而難養必借印星制食乃成然食少印多又嫌

印損傷食亦不生子總以得中和為貴。

第二章　起大小運法

四柱定後而行運又有大小之分。大運從本月建後起司十年休咎。小運從本時後

起司一年吉凶皆以陽男陰女順行陰男陽女逆行。扣算日時多少即知何時起運。

其法以三日為一歲算之因每日為十二時三日合三十六時以象一年之三百六

十日故行運以三日為一歲一日十二時為四個月照推然陽男陰女從生月前起逆推至前

順行至後節為止查其為日若干即知幾歲起運陰男陽女從生月後起

節止查其為日若干即知幾歲起運例如甲子年十二月二十四日巳時生係陽男

此月二十九日申時立春陽男從二十四日至二十九日申時止得五日零

三時除三日為一歲外下剩二日五時合二十九時為不滿二歲欠三分乃共合一

歲零九個月即二歲欠三分起運也如係陰男則從生日逆推至小寒止為二十四

日零九時乃八歲多二分起運也至小運則從生日後起仍以陽男陰女為順逆再

查此運與本命之生克刑冲則吉凶可知矣但起小運又有一法不論陰陽二命男

一歲起丙寅順行女二歲起壬申逆行一歲一宮如與大運生合又得貴人祿馬其

年必有喜事如與大運刑冲破害又遇勾絞破敗等殺其年期有災禍小兒初生未

行大運多用此法定之

第一節　查運吉凶

查運之法以本命之用神為主如壬水命元缺金生助則以金為用神缺火發揮則

以火為用神既為用神最為緊要大抵宜生扶不宜克洩損用神者欲運制之益用

神者欲運生之身弱者欲運引入旺鄉身強者欲運洩其燥氣官弱者宜運生不宜

運傷殺旺者宜運制不宜運扶財弱者宜運扶不宜運刼即弱者宜運旺不宜運衰

食衰者宜運生不宜運梟總視其與命主之關係如何斷之更看四柱強弱如何原

有原無原輕原重原有官甚弱行官運則發官原有災又行財運則發財但財多

身弱者又宜行帮身運或印運以任財官旺身輕者亦然如原有災又行災運即禍

至矣再看當生年時得氣淺深斷之得氣深者迎運便發得氣淺者又過運始發得

氣中平者運至中則發書云臨之以帝旺臨官將來者進背之以休廢死絕成功者

退。但此中又分少壯老三境少年宜行養生運壯年宜行祿旺運老年宜行衰墓運

反此則為背運書云生逢休敗之地早歲孤貧老遇健旺之鄉臨年偃蹇又曰老幼

慎勿趨強壯實惟宜坐旺可見生旺雖吉未盡吉衰病雖凶未盡凶也知此始可書

運惟官印傷官七殺用神忌見墓運

又法凡本命衰者宜行盛運以助之本命盛者宜行衰運以泄之如命衰又行衰運

為不及主沈淪顛倒。命強反行強運為太過主剛僻飛橫惟得中和則無咎書云由

沐浴而入冠帶雖吉運猶有餘災自祿旺而趨病衰雖否運猶披少福又云吉運未

至先作福凶神過去始為殃乃火未焰而先烟水既往而猶濕之理也又云陰男陽

女時觀出入之年陰女陽男更看元辰之會蓋謂陰男陽女稟氣不順故當視其出

運入運之年陰女陽男稟氣雖順亦當視其所遇元辰之厄會壺中子曰元辰犯運

仲尼有陳蔡之危是也總之行運看得地不得地未可以遇祿馬貴人即吉遇空亡

必刻運即凶也大抵行長生者為強運主創建新事雖歲運冲克亦無大礙未到長

生而歲來冲克則生災氣弱故也到臨官帝旺者主與盛發福生子進財再得太歲

扶之主升官薦擢如過旺相而逢死絕命雖不吉為災亦輕五行代謝之順道也繼

死于此亦令疾而終若方經長生入于敗地其中刑克惡殺與命相符而見者為五

行之氣反戰必主凶終到衰病處主退敗破財疾病等事到死絕主骨肉損傷自身

衰困百事廢弛到敗運主落魂懶惰酒色昏迷到胎庫成形冠帶主百事得中安康

平易川行運至貴人華蓋六合及乘生旺者皆主發福

第二節　查當牛根基

以上所說尤當查當牛根基之厚薄以定災福之深淺如命有十分福氣行三四分

惡運不為凶若四五分惡運只見小災至七八分惡運方有重災如命止五分福氣

行到三四分惡運則甚凶若四五分惡運則死根基薄也福應亦然如生時五分則

應十分又川陽多人必乘陰氣而發如子丑寅卯辰巳四柱行運至午未申酉戌亥

上是凡陰多人必乘陽氣而發如午未申酉戌亥四柱行子丑寅卯辰巳運是但陰

八陽發快陽人陰發遲何爲根基如水命人生秋冬旺令則厚生春夏衰令則薄然

生春夏而有金水干支生扶無刑冲破害亦厚反此則薄餘照推

第三節 安命安身法

此法不論男女皆從子上起正月逆行至本生月止又以生時加於生月上順推至

卯下即爲命宮以卯爲太陽出地故取之例如四月寅時生人即以正月加子二月

加亥三月加戌四月加酉又以寅時加酉卯時加戌順數則戌在卯下即知戌爲坐

命宮也經云安命以太陽爲主以節候爲度如前四月生人交過五月節則以五月

算之如未交四月而爲三月節則以三月算之無論有閏無閏均以交節之月爲主

餘照推 安身之法以太陰爲主查其在何宮度仍做前法以本命生時逆數遇酉

下之神即爲身宮是也餘皆同前

第三章 起大小限川限衆限

大限法從生年干上用五鼠遁起命宮即是如甲子年生人子上安命即以甲己之

年丙作首得丙子爲命宮管十五年二財帛五年三兄弟 五年四田宅 五年五男女

四年六奴僕四年七妻妾十一年八疾厄七年九遷移八年十官祿十五年十一福

德十一年十二相貌十年　如上以丙子爲命宮則丁丑爲財帛宮戊寅爲兄弟宮。

陽男陰女順行陰男陽女逆行。

小限以生年生時之度數相加以本年度數減之不及十二者再以十二度加之過

者以十二度減之餘數即爲小限如辰年巳時生人求庚申年小限在何宮乃從正

月寅建起爲一度。卯爲二度。辰爲三度。巳爲四度辰年巳月並三四爲七度申年亦

爲七度以七減七恰盡爲不及十二度乃加十二度從寅算起推到丑爲十二度即

知申年小限在丑也如求甲子年小限在何度因子爲十一度加前七度爲十八度。

減去十二度餘六度即知子年小限在未也餘照推凡小限管每年之吉凶視其與

四柱生克如何與太歲大運之吉凶神父如何則一年之休咎定矣如小限行至貴

人福德及生旺宮則一年吉慶行至刑冲破敗各凶殺宮則一年災咎。

月限從流年小限上逆起正月。一月一位。凡月限管一月之禍福。如小限本年在寅。

則月限正月起寅二月丑三月子逆行。如值財帛宮父遇生旺則其月進財。如見克

害則破財值貴祿田福妻宮則有喜慶。但逢冲克刑害各惡殺則主災患。

鬼限起法以生年納音爲主如甲子年生甲子爲海中金遇午限即爲鬼限討云金

哥出世休騎馬火弟歸來莫跨牛木遇免神須切忌水逢雞限實堪愁。土人切忌亥

猪位難保終身到白頭因金命忌午火命忌廿木命忌卯水命忌四十命忌亥也。

第四章　財官印食四要義

人物受氣以生不外生克制化故生我者爲父母我生者爲子孫克我者爲官殺我

克者爲財爻與我相同者爲比刼蓋父母即印綬能庇蔭我也子孫即傷食能消耗

我也官殺即官鬼能管制我也財爻即妻財爲我所用也此四者各有至理爲命數

之關鍵不可稍離其吉凶應聆視本命強弱定之如甲木命則以水爲印綬金爲官

殺木爲比刼土爲妻財火爲傷食之類但甲木旺則喜金克以成材器火泄以去濁

氣土多以旺妻財甲木衰則喜木旺以帮身水旺以生身故財官印食者皆視命主

強弱為用神焉但身旺者宜行財官運身弱宜行印比運此大概也然財官印食各

有偏正皆分列於下。

第一節　正官偏官

正官者如甲見辛丁見壬之例取其陰陽相配也故正官為五格之首止許一位多

則不宜在年上管十五年為太早在時上管五十歲後為太遲惟在月令上為合宜

如甲日生酉月乙日生申月是已皆為正氣官星或甲日見辛酉月乙日遇庚申月

為支藏干透餘位不宜再見但須日主旺相財印兩扶柱中不見傷殺大運引至官

鄉即主大富貴如見刑冲破害傷官七殺刧財合官等為破格如甲生酉月見卯冲

西刑午破戌害丙食乙刧丁傷克庚混雜皆不全美又當求柱中有物制服乃吉如

財官旺而身弱行身旺運則發財官倘身弱則不能負荷再行財官運則主疾病若

柱混官殺再行殺運則主徒流又如甲生酉月為辛官正祿本吉倘時見丁巳丁卯

將辛官引入死絕丁火反得生旺或臨殺地主降官失職禍生無疑。

古歌云正氣官星用月支喜逢財印到年時破害沖空俱不犯富貴雙全報爾知。

星不可犯刑沖官殺回來吉變凶化殺為官方是吉化官為殺禍重重官星大抵要

身強身弱須求旺氣方印綬兼行財旺地無沖傷破始榮昌月逢正祿號真官不犯

刑傷祿始全日主興隆名利顯運逢財印步金鑾印多官多為貴命官旺身衰反是

恨官多身旺化為財財旺身衰貧且病明干有官明中取明干無官暗地尋暗官有

助運得地不減月內正官星用官日主財印甲坐子辰主顯榮用官日主坐傷殺

甲坐申午疾病增用官最要印綬強有官無印閒員當身弱印輕要印補身旺官弱

宜官鄉運行傷官為背祿運行身旺逐馬防官星入墓窮困見殺來混官貧夭亡官

遇剋財失官貴官逢運合罷職防官星重見作殺論再行官地災禍臨官印受刑為

軍吏官星遇剋主伶仃官來刑命猶差吉命去刑官禍不輕官星純和尋常客或旺

或衰妙理深官旺喜得傷食制官衰喜見財官星大抵用官人忠信聰明秀麗與和

平。爲官清正人憚各女命得此封誥榮。 茲特探竅要各格列後以備一格

（一）年上正官格 如段芝貴之造 己巳 癸酉 壬申 庚子 壬命得己土在

年上爲正官而己丑庚又成旺印己官又坐巳火旺地不見木來克土是爲官印身

俱旺。下行己午財運生官故大發惟行戌殺運則解職因七殺混官也其前在庚運

被御史參者以旺行旺地旺遭傷也。 又梁啓超之命年上時上兩處正官爲 癸

酉 甲寅 丙午 癸巳 丙命長生在寅而寅甲又爲偏印寅午火作比肩己酉

又會財局是爲財官印身皆旺十七歲入壬子運殺來混官當戊戌變法幾遭不測。

以子午冲也三十七交庚戌起一發如雷名利兼收。

（二）月上正印格 如盧子嘉之造 丁卯 庚戌 乙亥 丁丑 二丁克庚官。

似乎不吉然九月金旺庚子作月建受戌土生一丑一戌。皆爲火墓火弱金強亥卯

又部乙木四十五交乙運起行官印刮運皆佳故督理浙江毫無更變。 又歐陽武

之造 辛巳 己亥 丙戌 丁酉 丙火冬生本竅喜丁戌己三火帮扶月上亥

書曹命數學

水正官與酉時為二貴夾拱故二十三歲入丙運內起義當都督交申運被巳刑亥

害。即歸田矣。如日時上有官星亦同上斷。

（三）官殺祿印俱全格　官殺相混本忌然有祿印旺氣亦吉三命通會曰官印祿

殺俱全八座鈞衡之任。如　戊申　己未　壬子　辛亥　巳為正官坐未刃自旺

戊為七殺坐申長生壬坐子刃又得亥祿辛卯生子亦自旺故為最貴造化　又湯

化龍之造　甲戌　乙亥　戊子　癸亥亦以甲乙為戊命官殺相混然水土生申

旺亥子甲乙木亦生亥戌癸化火化而不化仍喜行火土運生扶故三十四入巳運

當湖北議長。卯運合戌當內務與教育總長入庚運洩戊生水又合乙為金故被刺

海外。

（四）刑中遇貴格前言官星忌刑冲然亦有變例據三命通會云日時相刑得遇貴

主掌兵刑如劉尚書之造　癸未　乙卯　丙戌　戊子　未戌與子卯皆刑故長

刑部又壬寅　壬辰　丙申　癸巳　官殺亦混然癸官得巳祿遇寅巳甲三刑皆

以日主氣旺不防凡身旺混殺只取財印爲用亦發身弱混殺運行殺主夭貧。

第二節　偏官一名七殺

偏官者如甲見庚申之類又名七殺以其在七位來冲克也然殺主剛暴有制則化

剛爲正如臬匪投降故有制爲偏官無制爲七殺凡命帶殺者身旺則殺人身弱則

殺已因殺如刀劍身旺乃能使用身弱則難佩持也歌曰殺旺身旺喜財印殺弱身

旺宜財生身弱殺旺忌財氣財生成鬼貧賤人食神制殺乃成貴殺逢陽刃威權增。

制殺太過反不吉身旺又宜殺運行殺重身輕逢刑害刦亡魁罡凶禍臨凡遇身弱

喜用刦助旺（名化殺爲權）身體福乃臻身弱如再臨殺地病禍交臨恐損身例如

身弱遇歲殺柱中殺重並運年甲命庚生金年運行此時凶禍不堪言急往水地泄殺

氣生扶甲木命始全殺爲武藝印文明殺印相生顯功名有印無殺威風少。有殺無

印減舉凹殺遇長生招貴壻殺帶沐浴亂軍營殺臨子宮生逆子殺臨妻位惡婦生

（二）年上七殺格　年逢七殺喜身強不須制服亦無防柱中帶財合陽刃更行財

運福非常。殺旺身衰又刑冲。必主貧困刑病終年殺出身多寒賤制殺輕重宜合中。

歲克日干不盡凶制合爲權却有功。殺旺喜行身旺地初年難免一場凶如曾雲沛

總長　乙亥　癸未　己亥　辛未　己命生未月旺令乙殺父會亥未木局其殺

更旺幸時上辛金制殺仍喜行火土運帮身故四十一歲上己運任總長　又張作

霖之造仍年時上雙殺透出無制爲　乙亥　己卯　己巳　乙亥　此爲殺重身弱

幸月上己土帮身變旺仍宜行火土運四十四歲上甲運甲乙化土爲比刼帮身逢

戊午己未流年。故升三名巡帥然甲爲正官乙爲七殺甲雖合己究成官殺相混故

壬戌年春令恰値水木旺時殺旺身衰遂因奉直之戰而敗美中不足現交戊運合

卯化火生斗故能重整山河。

（二）月上七殺格　歌曰七殺提網本是愁有制必居萬戶侯平生正直無邪曲膽

識雙全有勇謀月支偏官最喜冲傷官陽刃喜相逢日干旺相方爲貴制伏得宜萬

事通偏官有制化爲權英俊文章發少年身旺定爲台諫客武職勘名鎮九邊身逢

七殺是提綱只爲干衰亦受傷正祿交差刑殺入終身不免受凶咲如張紹曾之造

己卯　甲戌　乙亥　己卯　身旺取戌中獨殺爲用故二十五歲上辛運即當

師長庚午十年由都總升任總理　又袁世凱命　己未　癸酉　丁巳　丁未

月上七殺癸水而身旺又帶末刃二重殺刃雙全故威名顯耀辰運爲殺庫故罷官

丁運重起爲總統五十六歲上卯運冲酉長生貴人與七殺提綱故死　又陸建章

命　癸亥　庚申　甲寅　乙亥　甲木秋生又得寅乙二木帮身乃能

當此庚申七殺天克地冲故當執法處長殺人甚多丙丁運雖制殺然泄氣太重至

辰運合申化殺爲印乙運合庚乙又帮身乃由處長升西安將軍交卯刃運則受害

死因殺刃太旺故也

（二）日支七殺格　此又名天元坐殺格衰旺亦如前斷如甲申乙酉等日如明坐

乙丑丙申等日爲暗坐　喜生春夏木火坐令殺自有制不喜明見丙丁

制殺太過如生秋冬衰時則金水鬼旺即喜剋印帮身傷食制殺別無官殺來混乃

為化殺生權如殺旺身弱又無比印幫助再行殺運或柱見官殺其人必面目癥痕

侏儒跛倭辨指瘤贅貪奸暴戾屢犯刑章殺重多夭即合格亦只武貴不得正途功

名若身臨生旺比印幫身制得中和亦主文貴但為人心惰性燥不近人情　如袁

乃寬命　己巳　壬申　己卯　戊辰　巳土秋生得年上巳土時上戊辰帶身申金

又制即殺己火又洩卯氣生身而申辰水局為財又生卯殺為身旺殺旺故四十三

歲上丁運逢壬子癸丑年為財此時身旺財旺以糧局總辦發數百萬前在巳戌

辰二十年土運為比刦故困於知事而不能上達

（四）時上七殺格　又名時上一位貴格要身旺乃能用殺若身衰殺旺再行殺運

財運反主貧賤無子經日時上偏官要身強陽刃刑冲殺敢當財多要行身旺運殺

多制少必為徒蓋時上七殺要在干上一位透出為妙如年月日重見反主辛苦勞

碌若身旺制殺太過又喜行殺旺運或三合殺運如無制伏又要行傷食運乃發但

身弱者雖得運扶發福運過仍然不濟又日上偏官一位強川辰自旺貴非常有財

三二

有印多財祿定是天生作棟梁時上偏官喜刃冲身強殺制福祿豐若是正官來混雜身弱財多反困窮。一位七殺制太多文如李杜也蹉跎殺窮宜行殺旺運殺旺又宜制中和時逢七殺本無兒。此理人間仔細推歲月時中如有制定知有子貴而遲食神制殺父逢梟若不貧賤亦主天。陽刃合殺忌財兒財生殺重亦必天制殺不如化殺全化以印綬制傷官化窮制強恩不足制窮化強禁制難。如靳雲鵬命 丙子 戌戌 甲子 庚午 時上庚殺甚旺甲木僅得子水生扶又無比助故初年行金運欠利三十五歲上壬運漸佳入寅癸卯運大發然時殺亦主無子惟有午火制庚。故子晚。 又紫陽朱熹造 庚戌 丙戌 甲寅 庚申 時上與年上三重七殺幸得丙火制伏寅木帮身故爲大賢凡古今偉人多以二殺透天如王士珍彭家珍等皆是然王彭皆無子因此。

（五）棄命從殺格 日主無氣四柱殺旺不得已棄命從之如好人從盜婦人從夫一心歸向乃吉若四柱有根從而又反則必爲禍但陽干無根只作殺重身輕論陰

干無根乃以藥命從殺論以陰道易從人也若甲木無根更不能從殺以金見朽木

必傷也既從殺喜行財運生殺為一心歸向之理更吉　歌曰柱中毫無刦印神殺

重身輕從殺論喜行殺旺及財地若逢根氣壽難存從殺須要殺氣純陰干從支得

安寧陽干從支事反遜陽多剛氣從不真五陽日主全逢殺藥命相從壽不堅若是

五陰逢日主身衰殺旺吉堪言西方金命坐臨柔不怕無根休且因殺值旺生多發

福功名催促上瀛洲如曾士琦造云　如曾士琦造　戊子　癸亥　丁丑　辛

亥　丁命冬生又逢亥子丑北方一片殺地上見癸辛金水為殺旺已極且丁火又

坐壯墓如入水牢癸殺又透出克制不能不舍命從殺然戊癸化火亥中甲木又

生丁火又為藥命不盡非驢非馬當以貧賤狡黠論以丁火入墓受克則微賤也透

出癸殺則凶狡也然癸殺戊刦子官丑制凶而不凶徒狡而已

（六）會殺化印格　如甲辰日生子月申時之類再透庚殺化印貴至一品最忌大

運與流年相會旺財傷印反主凶危如柱中原有克印者歲運又逢財星來克必遭

三四

凶暴而死。如上命或運行丁未歲在庚戌。未戌聚財坏印戌又冲辰。主戌年見禍。辛

亥年受刑以辛庚官殺混也。詩曰會殺爲權福最多支辰合印致中和若逢克印臨

年運刑戮傷身可奈何。　如劉成勛督軍　甲申　己巳　丙辰　戊子丙命坐申

子辰殺局來生甲木印父。故丙火有根若逢庚寅年運來冲克則凶與李純之用癸

印相同。

（七）旺殺歸庫格　如六乙日見丑六辛日見戌在年月上或時上均是詩曰庫內

偏官名庫殺刑冲破害最爲奇運行制伏兼身旺便是功名奮發時　如段祺瑞之

造　乙丑　己卯　乙亥　壬午　乙木以丑爲殺庫爲年上獨殺故喜刑冲四十

六歲行戌運大發上酉運冲卯破午又爲殺重身輕故敗　又馮國璋　戊午　乙

丑　乙丑　巳卯　亦爲殺庫。然馮於六十二歲交水運冲丑庫而死者以丑爲日

支忌冲也。

（八）專祿宜制格　謂六庚日以丙爲殺却生巳時爲丙殺所得之專祿巳中又有

理數命官書

內火其殺更凶宜兒壬癸於柱中制內乃吉主為武將再逢殺年運更凶詩曰庚日

巳時殺祿明須得制伏乃昌榮武職當權為帥座若逢殺運禍來臨　如姜桂題上

將命　癸卯　丙辰　庚申　辛巳　時上巳為內殺之祿月上又兒內殺更凶幸癸

水透出克丙申中壬水又克巳中丙巳申又合故為良將

(九)官殺去留格　凡官殺混雜者官受制則去官留殺殺受制則去殺留官審其

輕重定之但天干透者易去月支藏者難去須得有力之傷食乃成然五陽日食神

能去殺又能留官五陽日傷官能去官不能留殺必合得陽刃方能留殺如甲命互

兒辛官庚殺若殺輕官重殺輕得一丁火傷官克辛須再得乙木陽刃合庚乃為去殺留官有情而

貴若殺重官輕得一丙食神合辛克庚化水生甲即為去官留殺有情而

貴詩云去殺留官當論貴去官留殺主威權官星七殺交差見須有合殺貴方言又

有年月日時見四官四殺者當以明者用之藏者舍之宜仔細分別若兩停無重輕

則查其向時者用之背時者去之然總以身旺為要如去留不淸乃為混雜方主貧

賤。　如周駿將軍之命　辛巳　癸巳　丙寅　戊戌　癸官被戊合去得丙辛化

水化出殺星爲去官留殺但官主文事殺主武事今化去正官故周少年文考不售。

而學武若官殺皆不能制化則主貧賤矣。　據神峯通考列一丐者之命　丁卯

甲辰　戊午　癸亥　四柱無金制殺而甲殺貼身卯亥會官局戊癸化火不眞故

一生爲丐至亥運殺旺而死父制。太過之女命損七夫。如庚寅　甲申　戊寅

丁巳　戊命以甲殺爲夫命甲生秋令殺旺父被庚寅天克地冲寅巳申又三刑故

甲寅三木皆坏也。

第三節　正財偏財

財爲養命之源人生之所必要有財無官猶可有官無財難存然無論爲官爲財皆

要身旺乃能勝任如身弱則難享受矣但財有正財偏財之分陰陽同者爲偏財陰

陽異者爲正財如甲兒巳乙兒戌則爲正財甲兒戌乙兒巳則爲偏財正財爲正當

合義之財偏財爲非禮外來之財在干上者爲外面之浮財在支上者爲內面之聚

財在年月者為祖宗父母之遺財在日支時上者為本人妻妾子孫之新財然在年

上者為根本為祖宗富貴中年無用在月上者為得時最為要緊在日支者為得位。

一名坐財在時上者為有成為歸結若月支無財在日時上者亦佳總之財爻宜藏

不宜露宜少不宜多如財多身旺猶可財多身弱則不任財再行財官運反恐因財

生禍名利無成如庚辛日生於寅月柱見丙丁為官雖年月寅卯為財不但難受祖

業反恐因財生禍一生熬煎若身旺又當別論或見劫印生扶又主富貴雙全大抵

身弱者見梟奪則難得財見刃劫則難享財見偏食則難任財兒庫空則難聚財各

因其命定之如甲命午月生見壬梟內食卯破乙奪甲子旬成空之類皆是然正財

格主人誠實儉約慳吝聰明若財旺身衰主妻秉夫權子替父力反得清閒但運行

比劫妻妾多危詩云財旺生官富且貴露官藏財得高位身弱財多喜刃劫妻多。

是財入墓支下伏財婆偏房財破離祖利他鄉大運流年合財位必見紅鸞作新郎

身弱逢財父見殺不但貧困復生殃身弱財多從婦命財源被刧父先亡。(又主孤

寅）財星得位因妻富財遇長生發田莊財旺生官身榮顯並主子嗣得榮昌若見

比刦反生禍爭財興訟手足傷正財生旺享福利遇刦財晦見沈吟見官平生招非

禍逢殺多敗事少成正財還與月宮同最怕干支遇破冲歲運若臨財旺處須教致

富勝陶公正財切忌刦財神破害刑冲不可論歲運那堪逢刃地命延不死也遭迍、

力不勝生官化鬼反來侵若無印刦來帮助平生破敗事無成財多身弱刃偏強身

身旺無官只取財財神冲破却為災財帛宜藏不宜透財星歸庫更美哉身弱財多

旺之鄉反不祥鳳鸞孤寒夜怨親友交財亦受殃戶大家虛貧暗受百端費力總

空忙逢生乃見與隆事破印生災夢一場。

何為偏財乃甲見戊土乙見己土之類非家內之業產乃外來之浮財也既為外財。

必多糾葛喜柱見官星有所依靠又要身旺乃能享取若無官星禍患百出若見比

刦不免分奪或見空亡外財不實若偏財氣弱行財地即發福若偏財得地即可生

官行官運即發福如柱中原帶官星即為好命如比肩輩出雖入官卿發福亦少但

偏財只喜一位柱中多兄則不佳尤以在月令者爲妙如在年上生旺月令柱中通

氣主祖業甚厚或受外祖恩養大要身旺財旺財旺再行財地則發福。如身衰財衰再行

財地則反禍。或見刑冲破害比刼分奪更忌如財多生殺即主破祖勞苦凡月令有

財主少年富貴如生時不得地。或見刼敗更運臨凶地主晚年祖業破盡終身困窮

先富後貧若年月無財日時帶財別無刼敗冲克主自家成立中晚年大發若柱中

財多身弱少年經衰敗地中末年後忽入印運生身或三合助旺則勃勃而興如

少年乘旺運入衰運不惟晚歲途窮抑且是非蜂起若四柱相生又帶貴格不

入空亡又行旺運三合財星發福不淺視其氣魂大小定之又曰凡命帶二財身弱

不妨原用正財身旺發財原用偏財身旺脫財但用正財者忌見官星以家財無須

動官也用偏財者喜見官星以外財須官處置也。

詩曰正財不及偏財多最怕比刼敗神磨在年必主祖業厚在月必然父產多在月

刼敗名逐馬刑妻克子破財來。再行刼敗主身死並防陰小與官災柱中原來犯此

四〇

病運行財旺亦發福月上偏財無刧敗富甲人出並官祿偏財透露人多情輕財仗

義大商人多謀多詐貪花酒愛說是非愛逢迎。　益壽延年身要旺輕妻重妾招謗

評最怕比刧敗神出財多身窮惹炎生偏財若還帶正官刧星露出禍百端身旺見

官轉發福有官制刧少糾躚偏財名利發他卿慷慨風流性質強別立家園財兩處

因名因利自家忙

(一)月上正財格如　甲辰　丙子　己未　戌辰　己命坐未土得二辰帮身為

身旺能任月支子水正財且子辰又會財局生起甲官克戌土比肩故主早年科名

時上辰為財庫故終身有財享用。

(二)日主坐財格如庚辰辛卯日之類但此日如春生則財旺身窮喜見戌已土生

干乃能任財如兒庚辛刧財丙丁官殺皆不吉又甲午乙未日夏生丙戌丁丑日秋

生皆同惟壬午癸已二日祿馬同卿不專以財論。

(三)月時上偏正財格如甲寅日戌辰時天干透出偏財乃真若歲月叉見財則雜

矣仍喜身旺以任財食神運以生一財獨忌官殺以克身泄財若比刧太多又喜官殺

克制但時得正財者主守分成家得偏財者主豪俠施舍詩云時上偏財一位佳不

逢冲破始榮華敗神刧刃若不遇富貴雙全比石家此言時上偏財也又曰偏財本

是眾人財最忌干支比刧來身強財旺方為福若帶官星更妙哉此言月上偏財也

偏財官少不宜多身旺運旺發福祿傷妻破財逢刧刃多亦喜官殺磨此統論偏

財也　如己酉　丙子　壬寅　乙巳　壬命生于子月為建刃格寅巳中二丙為

財又為偏財格壬水既得子刃又得巳酉金局生身身旺已極喜見巳官克子刃乙

木泄旺水則財無爭奪可以安享惟巳為貴人巳中戊土為七殺寅巳一刑不但功

名不遂並主妻子遭災所喜乙寅二木克制戊土時殺有制晚子英奇獨子刃當權

克妻不免。

（四）日臨財庫格　如金命以木為財未為庫火命以金為財丑為庫之類但生旺

則為庫死絕則為墓丑為火命財庫生于夏旺于秋休於冬死于春辰為土命財庫

生于秋旺于冬休于春死于夏凡命坐生旺之庫則主納粟得名坐衰死之庫則主

因財入獄如辛未日生人為命臨財庫或庚日生未時亦是身臨財庫但未為木庫。

生于冬旺於春囚於夏死於秋偷辛未日在春令則身坐死墓

臨旺庫則財帛豐盈因財致貴詩云六辛坐未休嫌弱土透天干反有功身旺何愁

金水旺傷提方兒壽元終因未中有已土乙本丁火辛坐未克乙財又受丁克若四

杜天干有土生辛身弱變強不畏金水刲泄若月提是卯被酉沖方損壽偷天干無

土生辛則以身弱論如戊辰　乙卯　辛未　癸巳　辛金生卯月木旺時身坐旺

庫戊土又生辛干合癸水化火以泄木氣是財中帶殺亦以身弱不能任財論喜行

土運行酉運沖卯則凶　如生九月變為　戊辰　壬戌　辛未　癸巳則身坐未

為死墓戌又刑未辰又沖戌戌癸又化火克辛金雖秋令金旺然壬癸泄氣太甚上

則燒金下則埋金傷官破印迭見庫破財空當以守墓論行乙運稍佳丑運則死

（五）棄命從財格　此格因身弱財多不能任財只得舍命從之如男子無力入贅

妻家要生起財星一心歸依乃吉與藥命從殺之理同如身旺印生自身有力反生

疑忌詩云己干無氣滿盤財藥命相從是福胎運旺財官皆富貴如逢根助反爲災

如丁生酉月柱多庚辛日干無氣只得藥命相從運行北方財官旺地乃爲入格發

福如入南方反災　如趙惟熙之造　庚申　庚辰　丁未　辛丑　滿盤金水克

泄丁火雖丁火夏生坐未木庫然丑未冲坏仍以弱論只得藥命從財故少年行金

水運入詞林當御史　酉運升甘督皆金水運也丙運死

（八）時上專財格　乃丙日見丙申時甲日見己巳時因丙祿在巳以巳刑合申時

爲財他處不能移動故爲專財運行官旺財神不背大發財官如行傷刦冲刑破祿

之運則凶又甲日合己巳時爲財亦要身財倶旺如生木旺月喜土多生土旺月喜

木多丙日亦然詩云專財丙日見申時運至官鄉福更奇名登象簡金魚貴福壽雙

全事事宜　如甲辰　戊辰　丙申　丙申　丙以巳祿合申爲專財又癸酉庚申

丙子丙申亦同

（七）雜氣財官印綬格　以辰戌丑未四墓庫為天地雜氣所聚柱中得此故名如

丙丁日生辰月辰中有戊乙癸三干若干上透戊土多則為雜氣火土傷官格透乙

木多則作雜氣印綬格透癸水多則作雜氣財官格財官人庫非冲不可詩日雜氣

財官喜兒冲冲開財庫福興隆不用財官取印綬父嫌冲印命成凶如忌傷食出為

害冲出傷食凶亦同如丙日生辰月露出乙木為印柱見金神克印是為財旺印衰

再行戌運以戌中辛金冲辰中乙木是為貪財坏印求財反灾父丙丁日生戌月透

出戊土為雜氣傷官格是時火衰土旺喜木來克土制其傷官父得財運來泄土更

吉若遇辰冲戌將傷官冲旺泄氣則主死此父雜氣財官忌見冲也總之凡遇此格

身旺則喜冲衰則忌冲父要看庫中透出何物乃可定何格　詩云雜氣財官印綬

逢天干透出始為豐財多宜旺官冲破切忌干支壓伏重五行四季月支臨印透干

頭始顯榮四柱相生官殺喜更饒財產有聲名此言雜氣財官印綬格喜刑冲破害

也用財官則喜財官透出用印綬則喜印綬透出透財則富透官則貴透印則享祖

業不遇刑冲則固閉不發但干支遇比刦壓伏官遇傷食壓伏印遇財交壓伏而且

父多則減福生禍若柱中官殺相生財星有氣則財生官官生印印生身身克財不

惟財豐更得功名總之身旺遇刑冲則發福身弱遇刑冲則孤貧　月上財官不可

冲如冲財官八九凶財官逢墓冲則發運行冲地反成功財官印旺忌墓絕墓絕逢

旺始發福財官生旺逢墓運化殺生災財難得身旺入庫必生災身旺過剛折

身墓遇生發無疑若逢休敗多困厄出墓入生事事興出生入墓百謀息財墓刑冲

必克妻鬼墓刑冲夫星絕六親入墓同此推再將用神仔細別　例如甲以辛為夫

而辛金墓丑若兒未成刑冲主死夫餘照推　四庫齊全大富貴最喜身旺與刑冲

透殺有制又有合凜凜英風蓋世雄透殺無制又無合身弱傷多必見凶丙日辰時

為殺庫再透傷官凶重重柱中見印或透印木泄殺傷得氣清無木土厚奪丙殺性

情卑濁難顯榮時逢乙木與未墓為人雖富主不仁丙遇陰金與丑墓縱然貧困有

德行男遇四庫克父母女遇四庫有淫聲庚命生逢四季月身弱遇旺亦成名

第四節　正印偏印

印綬為生護我之神又一名生氣又為父母但陽生陰為正印。如壬子水生乙木是。陰生陽為偏印又名倒食又名梟神如癸亥水生甲寅木是此格主聰慧慈良貌豐疾少不逢凶橫但客財。多為正官掌印經曰有官有印方成福有官無印非真官忌財傷印發不久連入財鄉宜退身用印多得前人福貴過祿名利成在月為上日時次在年須得歸祿臨用印福祿主安享。印多克子少子孫無殺亦喜行殺運有殺

財死墓忌行

(一)化鬼為印格　如乙丑癸未丙子乙未丙坐子殺柱有二乙二未木庫結局運行至印旺化鬼為印故大顯。

(二)陽刃化印格　如戊寅戊午戊午戊午　戊為日主帶三刃本凶然寅中甲木制刃生火會局化成印綬柱中無水傷印故主大貴。

(三)時逢生印格　如甲日子時主多智安享但年月上要見辛官生印運行西北

官印地乃貴若柱見戌巳土重克印午來冲印。運行東南官印衰絕地主百事無成。

(四)棄印縱財格　月上正印忌見財若印在年時而月上見財喜印生身敵財乃發若月上偏印年時見財無防爲忌印從財格如壬命申月丙命寅月斗坐長生年時見財身旺無防但主白手成家

(五)印多喜制格　四言獨步曰六甲坐申三重見子運至北方須防橫死天干二丙地支全寅更加生印死見凶臨壬癸多金生氣申酉土旺則貴水旺則貧癸日申提卯寅歲時年殺月刦林下孤栖此言印多無制之禍若有制則吉　如巳亥乙亥乙丑丁丑　乙木見二亥水旺木泛早行癸酉壬申運大凶入土運制水大發月乙木衰死在亥子故忌若甲木則否。

(六)梟喜制伏格　梟神又名退神又名吞啗殺柱中最忌見食神最忌見財神凡命帶梟多主福薄夭壽在祖位則破祖在大運則立禍見刑殺則天貧身窮則損壽身旺則財豐如甲命以丙爲食丙火生土爲甲財土生金爲甲官若見壬梟克丙則

不能生土財矣壬又合丁克辛則甲無官矣且壬克丙則庚殺得保全而來克甲是

兒一梟而成三害若有財制壬有丁合壬則吉如甲命見壬辰壬戌成土克壬又有

丁合壬則反禍爲福故凡用食見梟皆凶用印亦然詩曰食神見梟梟不自由財破膽

怯丁母憂重犯容貌多歉邪韓信功名不到頭丁卯遇巳爲乞丐財傷制合利營謀

有梟無食作印論梟食駁雜反生愁

如內戌丙申甲戌壬申甲命申生身弱受制二丙又泄甲氣壬又克丙助申殺故名

利無成又壬申壬子甲戌丙寅壬子梟重成財制之丙食又生財以生甲以克泄梟

神寅中戌丙又助之成木火通明象故大發此梟食雖同見而有財助故吉如命坐

梟上或干支梟印重者遭逢食神必主貧病更帶刑冲禍生不測奧旨賦曰歲月時

中有偏印吉凶未明大運歲君遇壽星災殃立至、

　第五節　傷官食神

傷官爲泄氣敗神又爲子孫又乃陰陽相見如甲見丁乙見丙之類甲以辛爲官而

丁克辛以傷我之官貴故名但身旺無防身窮最忌普通論傷官者皆言傷官忌見

官喜見財印如傷官見官禍出百端故詩曰傷官無論年月時忌見官殺喜見才。

才自能生官貴如見官殺即生災身旺喜行傷官運身窮運忌才官來傷才印俱

可用身窮用印旺用才用印生才方發福用才去印亦美哉。用印多不忌官帶才。

見印禍不輕傷多泄重主天賤傷盡父喜見官星傷官不盡歲運逢官來乘旺見刑

冲身窮才旺刃殺克徒流死疾走西東　年傷祖破親不全月傷手足多不完曰傷

妻妾少賢順時傷子息主凶頑年卜傷官實可嫌里則傷身壽不延傷官傷蓋生財

貴財絕逢官禍必連年冲月令須離祖日破提冲必福妻時日暗冲妻子克無冲四

敗一生低　火土傷官忌見官金水傷官喜見官金寒喜火水喜土木喜金克成材

看凡遇水木傷官格才官兩見始爲歡傷官不盡义逢官斬絞徒流禍百端月犯父

子無全美日犯自巳主傷殘時傷子息必狼狽。須知富貴八周全若是傷官居太歲

必招非禍在斯年。　月露傷官時露才功名顯耀蕭爲台傷重子尠多勞苦身旺無

依僧道陪身旺刼重財衰嘱喜官制刼生財星木金傷喜火發泄北運破火凶反臨。

真傷行傷運必減假傷見傷亦死刑傷官氣滾主聰明自越禮法放縱行身旺氣泄

多富貴身弱氣泄寒酸成

食神者陽見陽陰見陰。如甲見丙。乙見丁之例。喜忌亦如前說然有食能生財制殺。

故食優于傷如甲以丙食為子丙能制庚殺以救甲生戍財以奉甲故食為壽星又

名爵星若見壬為偏印。丙則為倒食主凶故食宜生旺忌死絕　詩曰食多喜印

來救助食少見印等梟神食見偏印為倒食有始無終事難成貌斜身小心性促甲

兒丙食柱遇壬丙火受克庚難制火不生土財亦傾若不貧賤亦夭壽食難制殺怕

梟神食神受制難生財逢旺向祿事快哉甲日食丙受水克運到東南吉始來如遇

土月丙泄氣木地生丙事方諸食帶官印祿馬貴名為福蔟喜慶來若帶刑害空墓

絕名為禍蔟主凶災食宜單見忌重連食多耗氣變傷官多主乏嗣或敗子食如入

墓壽難延。　食空若遇官殺露必是巫醫數術流空遇梟克行死絕胃病缺食飢寒

哲嗣命數學

憂食宜旺祿與向祿月祿爲上次日時更逢貴人食旺地福祿雙發名利馳如是身

衰逢泉旺非夭即貧毫無爲食加生旺如壬癸加在申亥文武宜　　陰日食神暗合

印陽日食神暗合官官印暗藏食純粹貴祿福壽得雙全日食生旺無冲破財厚食

豐福量洪有子有壽身軀偉日食衰絕母子凶歲月財食祖業厚如在日時妻子賢

性見獨財乃主貴財多不清富僅言甲日食丙父見己丙食巳祿號天厨身旺貴祿

兼富壽身衰食重反不宜

（一）喜見財官格　如壬申丙午己亥庚午　夏令土命火炎土燥庚金似窮喜水

木克洩疏解

（二）見殺有制格　如辛丑庚寅甲辰乙亥　甲木春生木旺金多甲乙與庚辛相

對喜行火運疏解木氣以制官殺之混故行丙戌丁亥運大發　又辛丑辛卯乙丑

庚辰　此亦官殺混喜行木火旺位制殺發福入酉運會丑死於非命

（三）食神同窠格　如甲食丙而甲子人見丙子之例得此者不富即貴但在月不

如在日在日不如在時如韓魏公戊申庚申庚辰庚辰宋秦檜庚午己丑乙卯壬午是也主大富貴

（四）食神帶合祿　如甲食丙得辛合已見辛有丙合之例主掌權印

（五）專食合祿格　戊日逢庚申時丙日逢甲寅時之例戊食庚而庚又得申祿虛合乙卯貴氣若年運乙卯來填官星大利最忌柱見甲克戊卯填實寅沖提丙傷庚主遇而不過喜秋冬生食肝愛財星印綬怕刑冲破害純粹者貴填實減半戊午戊寅二日雖作此恪月令作財官當以財官論

以上財官印食諸格即為生克制化之原雖不足以盡格局而大要已在此中精義亦屬平此蓋無論何命不外強弱二種命強者忌剋印以生扶而喜剋印者行剋印年運則發福行財官食年運則見凶喜財官食者亦可反觀雖人口千百萬人類命弱者忌財官食之克泄而喜剋印以生扶一喜一忌而用神出為喜剋印者行剋數十種人命數十格貴賤各殊賢愚各異而要點不外此兩大端木此兩端以考之

則清濁高下之分見矣故他書詳於格局者此書則重等級嘗見一命人中不免千差萬別者皆出財官印食之多寡爲之也又見同一格中亦有禍福高下者亦由財官印食之純雜致主也因此各人之造化不同各人之氣魄万異即各人之吉凶悔吝亦分茲特將大小谷命列爲等級以便比較即知命元之厚薄與命理之精微焉。

第四章　東方木莚甲命三等九級例案

第一節　甲命上等格局

上上格

刦　乙卯　刃
傷　丙戌　才食
元　甲戌　五臺多未官
官　辛未　刦才

癸未　徐世昌總統　秋木身翰喜水木生扶令得
辛巳　乙卯比助卯未木局又助之丙火透出木有
庚辰　光輝辛爲正官坐水貴得令卯爲羊
己卯　刃助身更強雖四柱無水然丙辛化水亦得
戊寅　外援行金水木土運皆佳故從二十五歲上
丁丑　癸運後五十年大運行辰運得水冲動魁罡

故督東三省即為陽刃幫身。父合成為天魁火著故為總統壽在七十五歲但丙火化辛為水食神化印故無子。

上中格

辛未
丙申
甲申 九歲
甲子

壬寅
辛丑
庚子
己亥　壯運沖坏貴人故遭貶責
戊戌　印局丙火透出辛官亦透官旺有制皆吉惟
丁酉　縈勛次長　秋木得申子水局為印丙辛化

上中格

甲寅
庚申 十歲
癸亥

壬寅
辛丑
庚子
己未　陸建章將軍　秋木得剋印弱中生助強地
戊午　沖兼天天克庚申殺太剛少運行火土脫洩
丁巳　否非常廿歲入武校巳運管帶當不久又革
丙辰　職。刑沖被害防辰運為鎮使乙運督西方皆

欠吉祥

乙亥

乙卯　係水木運所以軍能將卯運為陽刃殺刃凶

甲寅　難當如其有學養謹慎亦安康誰知督陝後

雄心猶未忘戊午年五月天津遭凶亡過剛必中折錄此告強梁天克地冲者遇刃

上上格

甲子

癸亥

甲午　九歲多

戊子

甲子　鮑超子爵　冬木得此運取火為用神子午

乙丑　雖冲破戊癸化火真因此木生彩一生有威

丙寅　名乙運始入伍丑運統帶兵寅運轉戰南北卯

丁卯　運守邊庭戊運封子爵歸田運在辰終身水

戊辰　到任子印冲太深巳運甲化土此時跨長鯨

己巳

上中格

戊午

丁巳

戊午　曲同豐中將　甲木無火故無光輝然二癸

丁巳　為正印透出二酉為正官當旺令亦吉但酉

癸酉

己未
甲子　二歲欠
癸酉

丙辰
乙卯
甲寅

子未皆破害美中不足四十七歲行寅運逢
庚申年六月皖直交戰曲氏以第一師師長
被擒即在此冲克祿位時。

上格

丙子
戊戌
甲子　五歲

己亥
庚子
辛丑
壬寅
癸卯
甲辰

靳雲鵬總理　秋木會三奇丙火幽姿庚
殺父透露卯刃來扶持此時為總理殺刃更
有為財官大發展甲運亦如斯六旬上辰運
冲戌恐遭危

上上格

庚午
庚戌
戊子

丁亥

紫陽朱夫子之造　秋木會火局文明冠古
今庚殺雙透露內火著令名先賢雖特出命

中上格

丙戌
甲寅
庚申
壬辰
己丑　運實過人。

第二節　甲命中等格局

中上格

丙寅
甲辰　十歲次
庚寅
丙子

辛卯　周孝懷觀察　身旺殺旺傷官亦旺喜水爲
壬辰　印綬克洩傷殺故壬運當遭州校長出洋辰
癸巳　運從岑春煊到粤癸運在川當警備道實業
甲午　司巳運刑寅父爲庚長生正當辛亥年相冲。
乙未　官殺父混故被端方參劾川督尹昌衡抄沒
丙申　其家私逃回籍正交三十六歲巳運，
壬寅　李大鈞參事　身旺官窮財官貴俱在丑。然

中中格

丁丑　癸卯　甲午 六欠三分　乙亥
辛丑　庚子　己亥　戊戌
丑午害卯午破財官貴既害卯刃又破美中不足辛亥爲長生會卯帶身下行亥運必利後果於壬戌癸亥年回川主持民政

中下格

乙亥　甲寅 十歲　乙巳　壬申
丁酉　丙午　丁未　戊申　己酉　庚戌　辛亥　壬酉
許奎五師長　甲木得旺局合四孟木火通明看似大格惟財官殺印皆刑冲身旺者仍宜取金爲用三十五歲起當師長後仍賦閒在京此造如甲木生於寅月旺令殺官蓋頭或傷食透出皆主威名大振此雖甲木無光然殺旺亦掌兵權但不久
張福田　秋木得印以火爲用神一生喜木

滴天命數學

己亥
癸酉　三歲
甲戌
癸酉

乙丑
丙寅
丁卯
戊辰
己巳
庚午
辛未

備一格

火運中年金土皆忌老歲木火通明故享壽
七十九歲富貴雖不大亦可稱壽星祿此以

第三節　甲命下等格局

下上格

乙丑
乙酉
甲辰　八歲
乙亥

甲申　李國定議員　秋木三重刼金多殺氣勝柱

乙亥
庚辰
辛巳
壬午
癸未
甲申

中惟缺火火土運喜行幸身旺不畏殺殺重
于身名損然無火則秋木無輝巳午運雖火
然午破丑貴巳冲亥長生反起駁雜庚運制
三乙本可去刼財然化金則金殺又增雖當
議員仍多駁雜惟辰巳運甚吉卯刃運欠利

下中格

庚寅
戊寅
庚寅
乙丑

己卯　庚辰　　譚少周　三奇身旺缺水喜行水運壬癸運

辛巳　　　　大隹金火欠利土運亦吉。

壬午
癸未
甲申

下上格

甲戌三歲三分
壬午

乙丑　甲申
庚戌　　唐維烱標統　秋木身弱官殺又混取水木生扶故在子運內得癸水止印生扶當統領。

己酉
辛亥
壬子　　以後水木尚多故可補四柱之不足然以一

甲戌八歲
癸丑

壬申
甲寅

乙卯　　掌經看則又成金局全格與周駿同

下小格

己卯
乙亥
甲子 十歲
甲子
己巳
庚午
辛未
壬申
癸酉
甲戌

鄭樹堅軍法科長　冬木無火故缺嗣而子
中牢官父爲卯破故官亦不顯但甲木得亥
長生與亥卯木局及乙甲比助故身強到未
運貴人會木局大佳中運會子爲印局亦佳

第五章　東方木屯乙命三等九級格局

第一節　乙命上等格局

上上格

戊午
乙丑 七歲
乙丑
丙寅
丁卯
戊辰
乙丑
己巳

馮國璋總統　冬木喜火爲用竟得午火長
生壯中七殺故有威權聲光且乙卯二木又
助之是爲身旺殺旺下行己運當師長庚午
運當督軍辛運當總統在丁巳年夏正五十

己卯

庚午　九歲戊午年秋交與徐世昌同至庚申年歿

辛未　月扣滿六十二歲入未運冲丑殺破午長生

主大凶己未年冬月故死又查一掌金六十二歲在卯冲先天四身亦主凶

上上格

乙丑　戊寅　段祺瑞總理　春木身旺又得卯亥會局乙

乙卯　己卯　丁丑　木比助丑中獨殺午火長生是為身旺殺旺

乙亥（伯一戌）　丙子　且天干互得祿神父戌為交祿格故午運當

壬午　乙亥　陸軍部長及湖北都督時在壬子癸丑數年

甲戌　內甲寅年回京被忌能職隱西山乙丑年夏

癸酉　未父出長陸軍丙辰丁巳當內閣總理均在

癸運生身五十六上酉運冲卯祿會此殺逢申酉年主大變故庚申年五月直皖大

戰而敗一掌經五十七歲身時二盤在寅申相冲亦忌

上上格

癸丑　李鴻璋伯爵　此為水木傷官格經云火土

上上格

癸未
甲寅
乙亥　五成
戊寅

壬子　傷官忌見官金水木傷官喜見官此為水木
辛亥　傷官又得春木旺氣下行一片金水官印運
戊申　故主多智官旺凡成癸化火必主名譽大振
己酉　如鮑超張錫鑾等皆是。

戊申
甲戌　李純將軍　秋木身弱殺旺喜行劫印生扶
乙亥　丙運化辛為水子運酉子破貴印皆不吉
丙子　運克辛殺亦忌惟丑會金局生癸印故督江
丁丑　西升南京戌運與癸化火雖得大名然火克
戊寅　金殺父破癸印秋木見火則焚無水救火生
己卯　身當有奇變後果庚申年卒於南京督署

上中格

甲戌
癸酉　四成
乙酉
辛巳

丁亥　熊克武督軍　冬木三朋格身殺貴祿皆旺。

乙酉
戊子 破
乙卯 刑
乙酉 冲 七歲

丙戌　父刑冲二殺其好殺可知且缺火制殺殺更

乙酉　得勢二十七歲上乙運又逢一掌經子貴運

甲申　恰在壬子年故任重慶鎮守使至癸丑年因

癸未　獨立敗走丙辰冬因帝制起兵父鎮守渝中。

壬午　丁巳冬入酉運戰敗劉存厚遂督川二年至

庚申年官殺相混去位然刑冲太多旺則冲動故好動而少純正甲運奪乙尤多爭
端甲運混酉殺欠利。

上中格

乙酉
己丑 七歲
乙酉
乙酉
甲申

戊子　但戀辛師長　此與熊氏同患難故命運出

丁亥　處皆與熊相符。

丙戌

乙酉

甲申

青霄仙數玄

上上格

辛未
己亥
乙卯　六欠三分
丁亥

壬辰　癸巳　甲午　乙未　丙申　丁酉　戊戌　癸未

曾國藩侯爵　咸豐十一年時五十一歲在
午運以侍郎回籍練湘軍行十五年癸巳壬
午運大吉後封侯爵純陰格得丁火牛輝辛殺
運透露故出將入相以乙命又得木局真曲直
格也然初年行金火太克洩故只得內官。
運初練湘軍亦屢敗癸運起乃成功
行火土運即發此為天元一氣格。

第二節　乙命中等格局

中上格

乙亥
乙酉

甲申　癸未　壬午

張弧總長
秋末得獨殺獨印惟缺火土故

中上格

乙亥借一歲
乙酉
辛巳

己卯　合
甲戌　合
己卯　合
乙亥　五　多三分
己卯　合
庚辰
己卯

癸酉　張紹曾將軍　九月乙木又得甲亥卯比助
壬申　為身旺戌中獨殺當秋令為殺旺甲己化土
辛未　刦化為才為財旺二十歲上申金貴人運留
庚午　學日本二十五上辛金殺運當師長三十歲
己巳　己未運湊成木局反正又值辛亥革命即任
戊辰　綏遠都統民國二年入庚運至四年乙卯歲
回京後又當陸軍訓練總監上午長生運逢壬戌癸亥年當國務總理

官　庚辰
乙酉
乙亥借一歲

丙戌　李炳礫僉事　秋木缺火以火為用而大運
丁亥　中初年火運已過茲取財印為主故亥運中

中上格

才　己卯
元　乙卯　祿
比　乙酉
　　合
　　冲

戊子　副車。戊運當財部主事至丙辰丁巳年交巳
己丑　土運升僉事以後丑庚寅十五年皆吉寅運
庚寅　有火則乙木生輝更主名利雙全

中上格

乙亥
己丑
乙酉　四欠三分
丁丑

辛卯　謝持議員．冬木弱中變旺殺局亦旺丁火
戊子
丁亥　有光無愧革命巨子但冬木氣寒喜行火運
丙戌　或木運生火亦吉乙運任川中都督府參事
乙酉　酉運當國會議員甲運化巳為財局時四十
甲申　四歲起入申貴運均在廣東國會議員兼司
癸未　法部次長

第三節　乙命下等格局

下上格

丁酉　蔣希惠　殺重身輕而二丙為傷正神父制

丙寅

丙申

乙亥　三歲多

辛巳

戊戌　七殺寅申巳亥又冲破別無所取只取子水

己亥　貴人爲印而已故庚運保知事當文案子運

庚子　到甘肅乙巳丙午年署知事在四十一歲內

辛丑　後四十三歲上辛運爲二內所化故巳酉歲

壬寅　參官回川庚戌十月到川邊辛亥正月死皆

在辛運。此爲殺重身輕殺又受制重行殺運故凶

下中格

癸未　刑

乙卯

丁亥

辛酉　彭履生　二印生乙木丁火又生光卯亥又

庚申　會局扶助此爲有根柢之人惜戌中辛殺被

己未　刑官運不享戌未爲財雖刑開墓庫亦非順

戊午　手正財

丁巳

丙辰

下中格

壬子　丙午　乙卯　三歲　辛巳

丁未　戊申　己酉　庚戌　辛亥　壬子

張星五　夏木兄丙旺火泄氣辛殺又受制卯祿刑破子貴又冲午中己土為財亦受冲破故財官不利富貴皆無徒恃外面壬水正印生身以奔走而已

己丑　殺　戊辰　己卯　乙卯　一歲多三分　己卯

丁卯　丙寅　乙丑　甲子　癸亥　壬戌

彭贊先　春木得二卯為祿都助身旺喜金制乃為有用之材見火乃有光輝今丑中金貴人欠利且為二己同有之貴財此時可得小名利癸運合戌化火乃有名譽

第六章　南方火電丙命三等九級格局

第一節　丙命上等格局

上上格

丙申
丙申
丙午　一歲
丙申

上上格

戊戌
殺　壬戌
丙辰　九歲

丁酉　劉銘傳伯爵　天干一氣地支三朋格秋令

戊戌　火衰得三丙一午刃助旺為弱中變旺然仍

己亥　喜行木火運帮助而下運只有金水故功業

庚子　未圓滿至四十六歲己丑運而死當二十六

辛丑　歲己亥運出仕庚運大利子運七殺沖午大

壬寅　戰得功辛運封爵比運死

癸亥　馬玉崑提督　秋火身弱喜木火生比三十

甲子　九歲上丙寅丁卯二十年好運故由行伍出

乙丑　身門至極品中年戰功晚年滿福以宋慶之

丙寅　部將而得繼其威名交六十四歲以榮位終

命數學

十二格

殺
壬申
辛亥　九歲
丙午
庚寅

合
辛酉
丁卯
戊辰

己未
戊午
丁巳
丙辰
乙卯
甲寅
癸丑
壬子

雖清室厚待功臣亦辰合酉貴所致也。

左文襄　冬日火命雖得寅午助旺仍喜木火運生扶然寅被申破寅運反凶當洪秀全庚戌起事時左公三十九歲入乙卯運十年。在川駱文忠幕中四十九歲庚申年交丙運始當出當面至同治九年逢庚午丁未上六

十歲入丁運任陝甘總督平新疆回部光緒十一年乙酉中法越南之戰起用正在午運至七十九歲巳運死。

上中格

己亥
辛巳
丙申

戊戌
丁酉
丙申

歐陽武都督　冬令丙火身弱喜生扶故三十三歲上丙運吉辛亥當都督己交申金財運與己火刑合故八久即罷此為二貴拱身

丙戌　三歲

乙未　格既無七殺而亥官又冲故不能久。與癸命

丁酉

甲午　閏周鶴羣之造略同

癸巳

上上格

壬辰

丙子 殺

丙午 冲六歲

丁卯

辛丑

乙巳　龍濟光郡王　身旺殺旺旺冲則動故子午

甲辰　殺刃冲動午卯羊刃又破巳有凶挫之象下

癸卯　行木火運則佳故卯運帶兵壬運當統領寅

壬寅　會午刃當師長辛運督粤從壬子年起至丙

辛丑　辰年封郡王五十一歲上丑運在戌午年兵

庚子　敗失雷瓊谷州根據地損失數千萬本人入

上中格

辛卯

壬辰　周駿將軍　癸水正官化爲比刧別無七殺

辛卯　只得丙辛化水化出官殺非出自然故主威

京尚援遂賦間。掌經時盤五十二歲在巳冲亥月日盤在酉亦冲卯年故大敗

癸巳

丙寅　九歲

戊戌

己丑

戊子

丁亥

庚寅　權不久。且寅刑巳祿爲父不利戊戌在子孫

己丑　寅化爲比劫亦主子嗣甚觀少運以辛庚爲

戊子　惟故庚運鎮守重慶三年至丙辰年三十六

丁亥　歲入寅運任川督十餘月而罷以寅雖生身

却刑巳祿以二寅制二巳故得祿不終丑運合巳丑成財局稍可但不久

第二節　丙命中等格局

中小格

乙亥　官貴

乙酉　貴

丙寅　殺一歲

庚寅

甲申　丁慕韓總領　身弱喜行火木運故三十七

癸未　歲上巳運在浙江統兵辛亥年反正巳亥

壬午　冲貴人祿馬冲坏遂歸田未出

辛巳

庚辰

己卯

七四

哲理命數集

中中格

甲子　殺
丁丑
丙申　三歲

戊寅　雷震春將軍　身弱喜火木四柱又得丁戌
己卯　甲生扶故在巳運任江北提督壬運合丁化
庚辰　木亦化山東鎮守使午運在甲寅年任執法
辛巳　處長得震威將軍五十三歲入癸運交卸至
壬午　丁巳年又從復辟任陸軍總長數日即入獄
癸未　戊午年出獄歸里丑子雖合丑戌一刑子申
會成殺局故掌兵刑好殺又因巳午運幫身壬癸亦化木火故有二十年運以補不
足末運欠利

中中格

戊戌
辛亥
辛丑
丙子　三歲

庚子　王樹枬　冬令丙火身弱喜行木火幫身二
己亥　十八歲以前純係塞土二十八歲上戌運卯
戊戌　戌合火幫身即隹酉運得進上放四川知縣
丁酉　申運會子參官乙運開復到甘肅未運會亥

辛卯

丙申　卯戌木局生身故升臬司。辛亥反正回京。午

乙未　運又當議員

中中格

丁丑

甲午　馬群德

辛丑　丙火得二寅生身丁巳火幫身壬

庚子　殺父合丁化木生身只取時上癸水為正官

己亥　為去留官格行丁運都身助旺當京師高等

戊戌　檢察長酉運會巳丑成財貴局更利運丙尤

丁酉　吉

丙申

中中格

癸巳

丙寅六歲多

壬寅

丁丑

庚戌　姚鴻法少將

辛亥　丙火生秋令得酉金局貴人

　　　大旺辰酉又合金財亦旺惜丙辛化水將丙

殺壬午卯

食乙酉貴

壬子　火化窮喜行土火幫身乃能任殺故二十三

第二節　內命下等格局

元　丙辰　八歲（合）

才　辛卯

甲寅

乙卯

癸丑　歲上亥貴人運亥卯合木生身即在山西統

甲寅　乒以後運平平至甲寅乙卯乃佳

乙卯

下上格

己亥官

丙子殺三　多三分

庚午　萬順生議員　丙火生夏令得巳祿帮身但

辛未　亥巳一冲二巳土又洩氣惟三十八上酉運

壬申　會巳成財局稍利故兩運以議員辦大選後

癸酉　放淮關監督惜亥子官殺混巳申又合不能

甲戌　冲去亥官子又合申亦不能顯殺為用只取

乙亥　巳為旺祿合申財以成中等財官而已

下上格

壬寅　謝仙舟知事　丙火生春令得午刃丁火帮

辛丑　身二卯生身皆吉惜子午冲午卯破美中不

丁丑

下下格

下中格

丙午冲　戊戌　戌運合卯任征收終無餘貲

戊子冲子　己亥

癸卯　七歲　庚子　足喜行十火運故戌運合卯戌火局丁運亦

己亥　火故由知事入京曹西運欠利

戊戌

丁卯

甲辰

丙子七欠　丁酉

丙申　丙申

癸卯　賴保華知事　三月丙命又得丙丁與甲卯

壬寅　木生扶申財雖化為殺然身旺殺旺亦主職

辛丑　司刑獄惟終身財少而已亥運會卯任知事

庚子

己亥

乙巳　韋潤珊　夏令丙火身旺又得乙丙丁木火

丁卯　　　　透出寅午與卯未木火生扶身旺已極惜四

丙午　　　　柱無水則無官缺金則無財即行庚辛財運

丙寅 三歲　癸卯　父被四柱丙丁火奪去雖行壬癸官殺運而

乙未　　　辛丑　丁壬又化木只成一世寒儒而已子運沖午
　　　　　庚子　刑卯破未主凶

甲辰

第七章　南方火匾丁命三等九級格局

第一節　丁命上等格局

上上格

食己未　　辛未　炎土燥而成秋陽之清光又得時上丁火日
　　　　　壬申　袁世凱總統　丁命生秋令化去夏時之火

殺癸酉 貴人　庚午　下已火助之身已變旺時上七殺恰坐酉貴

元丁巳 帝旺　己巳　旺令。而酉巳又會金局成為純陰格喜行火

比丁未　　戊辰　運故已運巡撫山東戌運與癸化火任直隸

運任總統卯運冲酉長生貴人故死於丙辰年時五十七歲

上中格
　甲子
　甲戌
　丁巳　七歲
　甲辰

中壬癸混故迭見駁雜。

上中格
印　乙酉　貴
官　壬午　祿多

丁卯　總督北洋大臣並入閣甲辰運革職歸田丁

乙亥　黎元洪總統　丁火生秋令得三甲生扶巳

丙子　火都助子為正官會辰戌官局因官殺未透

丁丑　故威權不顯因生扶太多故能得庸福卯運

戊寅　合戌為火又值丙辰年冲出水火幫助故當

己卯　總統一年庚運為財又逢壬戌年冲開辰戌

庚辰　庫亦當總統然辰中癸水為正官冲出與子

辛巳　徐樹錚中將　五月丁火巳旺又得午寅火

庚辰　局生旺故氣旺性剛幸二壬為正官來制合

己卯　酉亥二貴又夾拱故成官祿大格然卯運冲

八〇

上中格

官　壬寅　長生
元　丁亥　貴
　　合　合
合

戊寅　西破午貴祿見破美中不足戊運洩氣尤凶
丁丑　故下野兆亡寅運以後十年大利
丙子
辛丑
庚辰
丁未　七歲
庚申

辛巳　趙惟熙上將　丁火雖得旺令而木庫冲坏
壬午　根本不堅又無木火帮助只見金水太旺反
癸未　成身弱不能任財故滿貴有餘富厚不足二
甲申　十七歲起出輸林得御史内用多年到乙運
乙酉　放寧夏道缺辛亥年任甘肅都督正在西金
丙戌　貴人運又回京當參政院參政丁巳年九月

卒於京正上酉運以丙奪丁光丙辛化水也

上中格

戊寅
壬戌　王揖唐總理　九月丁火雖弱然得寅巳丁
癸亥　生扶木刃巳火又拱午祿故少得詞林入仕

心一堂術數古籍珍本叢刊　星命類

中上格

辛酉 貴人
丁巳 一歲
丁未

甲子　官後行至丑運三十六歲起當吉林巡按使。
乙丑　得勘四位在甲寅乙卯年以丑會酉巳金局
丙寅　也四十一歲入丙火運奪丁光欠吉寅運刑
丁卯　己欠利丁運佳

第二節　丁命中等格局

庚戌
丁巳
丁酉
丙戌
己亥
戊戌

戊戌　李自成張獻忠之惡造　李張同一命惟張
己亥　係辛亥時生亥為七殺下沖巳火上又合丙
庚子　化水為殺故張較好殺然李四十三死張四
辛丑　十八死以亥為一掌經之天壽星也李得二
壬寅　戌為天魁故成闖王
癸卯　戌為天魁故成闖王。

中上格

乙未　唐汝謙　此為殺刃格癸殺坐卯長生丙辛

中上格

辛未　　　　　甲午　父化殺。下帶二刃故任兵符。現上辛財運更
丙申　　　　　癸巳　住。
丁未 九歲　　 壬辰
癸卯　　　　　辛卯
　　　　　　　庚寅

中上格

乙卯 冲　　　甲申　金永巡按使　秋田丁火喜得印刻生助行
乙酉　　　　　癸未　木火運大發三十七歲上辛運。捐道員在天
丁未 七欠　　 壬午　津候補二十年不動甲寅年忽放山西巡按
丁未　　　　　辛巳　正入卯運本忌與甲乙丙年會故吉至丙辰
　　　　　　　庚辰　夏袁氏死後乃告歸爲火土傷官忌見官格
　　　　　　　己卯
　　　　　　　戊寅
　　　　　　　戊寅　鉊傳善次長　此爲純陰格又爲二貴夾拱

乙亥 貴人

己卯

丁丑 三歲欠

己酉 貴人

丁丑　格仍喜木火生扶故乙運任重慶知府正三

丙子　十七歲至三十九歲任江西財政廳又放陝

乙亥　西財政廳署省長在乙卯年至丙辰年回京

甲戌　又任財政部次長丁巳年上甲運巳沖亥貴

癸酉　甲合巳土洩氣與段總理不合罷職逮捕私

逃然得財不少以丑酉會財局故也此與徐又錚相似而無正官拱祿故氣薄。

辛丑

甲午

丁卯 五歲欠

庚戌

　　　癸巳　于心齋侍從　丁火生夏令得午祿與卯戌

　壬辰　合火甲又為印生身更旺惜庚辛丑中財太

辛卯　旺故忌行財運一到寅運會局生身則機會

庚寅　重重後果以侍從兼多差

己丑

戊子

乙亥　梅蘭芳伶人　丁命生於霜降後本竊幸為

甲午

甲戌　六歲

丁酉

辰

癸卯

丙子　午戌火局幫身二甲一卯為印生身酉財又

丁丑　為長生遂將丁火助旺任財但卯為桃花上

戊寅　乘癸殺為桃花帶殺沖克本身宜為伶人然

己卯　午祿酉貴俱全三印又生二十六歲入丁運

庚辰　身旺任財宜其名噪一時揮霍數十萬也前

在子運爲殺又會成子午卯酉故寰賤不堪。

第三節　丁命下等格局

丁午　二歲欠

乙未

辛巳

壬辰

癸巳

甲午

乙未

辛卯

甲午　羅延欽主事　火炎土燥喜行金水三十一

癸巳　歲上辛運當主事五年三十七上卯運會未

乙未　亥木局生身本有際遇惟木火太旺反主駁

辛卯　雜故三十八歲逢戊午年因訟入獄己未年

辛亥

戊申
甲寅
戊申
丁酉
甲申
己巳

庚寅　又辦銀行。然空空妙手未得實惠己未年因

己丑　銀行事反入獄死皆在卯運此旺行旺地不

知斂抑之過也

乙卯　甫生先生　丁火生寅月有根然二甲一冲

丙辰　二戌一泄僅恃酉貴一點衰氣故名利皆小

乙巳　且傷官兒申中壬水為官故一生事多不遂。

戊午

己未

庚申

庚午　黃鳳歧　四月丁火本旺父得己午助之亦

辛未　吉然丙奪丁光甲己土又洩氣雖有木火亦

壬申　去生丙凡事多仰人乃成然獨得干祿與財

丁酉 六歲　　癸酉　局。亦有人緣可爲。

丙午　　甲戌

　　乙亥

己亥　盧長榮　冬火而金火又旺善行木火運生

辛丑

戊戌　扶本大運多木火足以補之亦可造之格也。

庚子

丁酉

丁丑 六歲

丙申

甲辰

乙未

甲午

第八章　中央土屯戊命三等九級格局

第一節　戊命上等格局

己巳　此前清康熙皇之造　天干三朋格二午爲

甲午
戊辰
戊申
戊午

壬戌
己酉
戊申　五歲

庚午　辛未　壬申　癸酉　甲戌

陽刃夾申辰財局于內甲為七殺蓋頭又為
殺刃格身殺財刃俱旺大運又佳又坐申為
長生驛馬前後刃拱宜其為福壽與王也

庚戌　辛亥　壬子　癸丑　甲寅　乙卯

張懷芝總長　秋令戊命又得戊巳午戌牛
扶不見木為官殺為傷官傷盡所謂火土傷
官忌見官恰得傷官正格下行癸丑甲寅乙
皆大利寅運會午戌先佳故寅運督魯乙運
當參謀長卯運冲酉欠利

戊申

張之洞相國　此為火土傷官格經曰火土

丁酉

己酉

戊辰　五歲

辛酉

丁未　傷官忌見官金水木傷官喜見官故未運中

丙午　進士午運放主考乙運當京官己運任廣西

乙巳　臬司兼巡撫甲運督兩廣辰運督兩湖十餘

甲辰　年。寅運入相辛運死

癸卯

壬寅

　

戊午

戊辰　佔一歲

甲戌

戊戌

乙亥　蘇錫第次長　丙戌以兩甲為殺辰戌沖出

丙子　獨財仍喜木運生火以生身柱有午戌到寅

丁丑　運會局大利雖甲子旬空戌亥然辰戌到旬

戊寅　空沖實故寅運當軍需司長卯運當財政部

己卯　次長均獨財主事

庚辰　曹錕大總統　天干地支皆三朋格。夏令火

巳未

青雲僥數掌

戊午

己未

戊午　五歲

戊午

庚申　土大旺身旺已極喜行水木運。故癸亥以後

辛酉　由師長升巡閱使至乙運爲總統此係前數

壬戌　年得自了明和尚者今又有以壬戌年庚子

癸亥

甲子

乙丑　日生來告不知誰確並錄以備考。

第二節　戊命中等格局

甲寅

戊戌　二歲

丙午

壬辰

丁未　楊文虔　身旺殺印亦旺爲炎上與殺刃格。

戊申　現雖文職將來必是武將以六月火炎土燥

己酉　喜金水爲大病大藥今柱中有壬水運中一

庚戌　片金水即是發福之年十八歲入銓局即在

辛亥　申運在二十八歲酉運中吉庚連會甲戌庚

壬子　二奇主有奇遇惟戌太旺主凶交四十一歲

後二十年出將入相矣。但時上七殺無制戌中金又冲主無子。

癸亥　黃金鰲道尹　秋土雖冷上有三戊下會火
甲子　局即成火土旺氣又得壬水為財清純已極
乙丑　是以炎上格而帶殺刃者主掌兵權三十三
丙寅　歲上丙運任川東道尹及重慶獨立出兵等
丁卯　事三十八歲上寅運又逢甲寅年為二殺重
戊午　見故被逮入執總處年餘始出丁運川北道

戊戌
壬午　胡峻道尹　火炎土燥身旺官旺二貴冲
辛巳　午刃被合喜行金水為藥再行火土為病辰
庚辰　運點輪林以會申成水局也卯運未為木局
己卯　助官星又逢癸丑甲寅年故在川當議長戊
戊寅　運會成三戊父逢丁巳年放川東道尹未到

戊寅
壬戌
戊辰　三歲
戊午
乙丑
癸未
戊申　十歲
戊午

丁丑
癸丑
戊戌　五歲
巳木

丁丑　任。以上多劫財故也。

壬子　顧巨六局長　冬令土冷水寒戊土雖旺而

辛亥　丑未二貴一沖丑戌父刑與乃舅胡保生相

庚戌　同。可見遺傳有據以木火為用末中僅一乙

巳酉　木為獨官父被沖下運父無木火只以壬寅

戊申　年卿舉甲寅乙卯年在酉運當局長亦為傷

　　　官傷盡格。

甲戌
乙亥
丁丑
戊子
癸亥

丙子　湯化龍總長　冬日戊土寒荒得時上癸水

丁丑　化火甲乙木父生之則寒土變暖使萬物回

戊寅　春戌亥子水之真陽透出故主多才多智喜

己卯　行火土運帶身故寅戌卯戌皆合火己甲合

庚辰　土父助之故己運任議長卯運任總長庚運

辛酉
庚子
戊戌　三歲
甲寅

己亥　譯啓瑞道尹　冬土氣冷喜火為用金水為
戊戌　病故二十三歲上丁運點翰林放主考三十
丁酉　三歲在榮相幕中當全國營務處長乙運出
丙申　任潼關道未運任湖南藩司水久交辛亥反
乙未　正損失一空以未貴被子破戌刑故也甲運
甲午　重殺駁雜異常家成四壁午運會印局沖子
癸巳　病復起癸運化火又往南京局長
辛巳　合乙化金洩氣又克甲殺逢戊午沖子故死

第三節　戊命下等格局

甲寅
戊午
戊午
丁巳

乙卯　余湘清　正月戊土命元甲寅殺重幸得丁
丙辰　火洩殺生身寅為長生己為祿神午為陽刃
丁巳　一番生旺之氣殺刃財祿俱全詢有造之人

戊午四歲

丁巳

壬子

己亥

辛未

戊午二歲

庚寅

癸未

戊午　也。戊午己未二十年大運生扶尤佳惟巳運

己未　被寅殺刑克妻損子申運冲寅又被巳刑更

庚申　忌。

戊戌　周潤生　冬土喜火為用而午火被冲官殺

丁酉　不透少行丙丁運稍可餘皆欠利惟癸運會

丙申　戊化火生身大吉己午運刑冲反忌故癸運

乙未　升主事不免寒士奔馳

甲午

癸巳　關秘書　夏土得癸化火寅戌火局為火土

甲申

乙酉　炎燥得壬水滋潤為有病有殺但殺貴被刑

丙戌　美中不足行水運即利子運會申成水局尤

戊申　四歲　　　　丁亥　吉。
壬戌　　　　　　　戊子
　　　　　　　　　己丑
　　　　　　　　　己酉　郝毓生　秋土氣寒　金又洩之　則身弱　丑戌
丁丑　　　　　　　戊申　父刑則無助　取火為用　只可得財　丑未二貴
庚戌　　　　　　　丁未　相沖難望成名　故丙午運中得財數萬當銀
戊午　多　　　　　丙午　行總理十年　四十一歲入乙運合庚洩氣因
庚申　　　　　　　乙巳　無子納妾求擇一周堂期　予取丙辰年八月
　　　　　　　　　甲辰　二十八日乙丑日申時於六壬合金水局　故

娶後百日內即孕男生子交甲運殺旺入獄。

第九章　中央土電己命三等九級格局

第一節　己命上等格局

己巳
乙亥
己酉　三歲
己巳

甲戌　蕭子廷武官長　冬令土寒。喜火生運木行
癸酉　火放光明獨殺蓋頭威望重三朋純陰謀略
壬申　深午運大利己冲亥己酉會局利後人。
辛未
庚午
己巳

戊辰
己亥　十歲
壬辰
辛巳

丙戌
丁亥
戊子　部總次長。
己丑　冲動財印故行子運半會財局大佳歷任財
庚寅　巳為獨印生身身旺任財又坐亥冲動巳火
辛卯　李思浩財總長春土得二辰一戊比助又得
己巳

督辦　財旺生殺身旺任財故上丁

己巳

壬申

己卯　三歲

戊辰

庚午　運化木爲殺印相生。卯爲七殺正運大吉。此五年內以

己巳　時係壬子至丙辰年。袁世凱時此

戊辰　糧餉局總辦。發財數百萬。

丁卯

丙寅

乙亥

癸未

己亥　十歲欠

辛未

壬午　曾雲沛總長　巳土夏旺。乙殺癸才均透天。

辛巳　財官均利。惜木殺太多。亥癸均變爲殺身弱。

庚辰　不能任財宜火土運生扶乃吉。故辰己運大

己卯　利。卯會殺局故下野。戊運合癸化火當復起。

戊寅

丁丑

己巳　吳佩孚巡帥　吳將軍之造前有以癸酉庚

庚午　日來告者已列入後庚命內七殺透天。酉刃

戊辰　辛未　在年戊癸又化殺頗似其入今又得此與庚

己酉　壬申　命太遜只取土旺與甲官而已然武職多用

戊辰　癸酉　殺文職多用官以官較純正殺有威聲也惟

甲戌　己坐酉金在六壬三月太陽到酉宮故為三

月月將今二辰合酉為魁罡拱將格然此為六壬說在子平則只取氣魄純厚魁罡

拱命格錄以備考。

甲戌　戊寅　張作霖巡帥　二殺透天又逢春令殺旺身

戊辰　丁丑　慳喜行火土運帮助水木運次之下行丙丁

己酉　丙子　運甚佳亥運以財生官亦吉甲運合己化土

乙亥　乙亥

己卯　乙亥　帮身大旺故督三省與蒙疆然甲木為正官。

己卯　六欠

乙亥

甲戌　雖是化土在二月化而未盡仍留甲官混殺。

癸酉　故壬戌直奉之戰不免小敗現行戌運火土

幫身一生精華在此。

丙寅
己丑　七七
己卯
乙亥

戊寅　此警廳執法科長羅君超凡之造與張作霖

丁丑　隔十日生命元亦同。而丑丙生扶較為有力。

丙子　惟時上寅木正官與乙卯七殺相混雖有寅未

乙亥　透出應取去官留殺格。然有寅內藏甲戌丙。

甲戌　不但成運甚佳即癸運合戌化火亦美此較

癸酉　張運尤長。

庚午
己丑
己卯
乙亥

己巳　鄧錫侯省長夏令火炎土燥喜見金水柱中

戊辰　有金水濟之乙殺有制已土扶多身殺俱旺

丁卯　現行丙運助殺有光寅運合午生身化官為

己
己　六歲次

乙亥

丙寅　印。本吉惟寅巳一刑。官印有變幸合午爲印

乙亥　乙丑　轉吉

甲子

第二節　已命中等格局

乙亥

己未　己巳　己未五歲

己未

戊辰　高紹陳司令　純陰身旺殺刃當權財印冲

丁卯　坯。主文武全才乙丑十五年皆當知事惟丑

丙寅　冲未刃幾犯危險乙爲七殺甲爲官殺混亂

乙丑　皆駁雜子運後當京兆警備總司令得平安

甲子

癸亥　然却多餘少。

壬戌

甲辰　孫仲仙　土厚氣旺乙殺透天偏財歸庫故

癸卯　金水運皆佳在辛運內辦鐵路發數十餘萬。

丁丑

乙巳
己丑　四歲　辛丑　庚子　己亥
戊辰

壬寅　現辦銀行子運尤佳。

乙丑
己巳　三歲
壬戌
戊辰

癸亥　袁弼臣議員　秋土雖多冲洩身弱喜行水
甲子　土為上火運次之一壬水化丁為木美中不
乙丑
丙寅
丁卯　足戊辰己巳運大佳。
戊辰

第三節　己命下等格局

庚申　伍廷生　夏日火土身旺水金太少。而甲寅

第十章　西方金電庚命三等九級格局

戊辰　辛酉　又洩寅巳又刑火炎土燥比刧太重亥水為

己未　壬戌　藥又化成殺主一生勞碌行水運方利。

己亥 八歲　癸亥　藥又化成殺主一生勞碌行水運方利。

丙寅　甲子

　　　乙丑　乙丑

　　　甲寅

癸未　乙卯　吳天成　三月巳命火土巳旺比刧又多。

丙辰　癸丑　賴癸水用神又與戊化火下行水運乃佳

己丑　壬子　欠利。

戊辰　辛亥

　　　庚戌

哲理電氣命數學

第一節　庚命上等格局

癸酉
丙辰
庚寅　一歲欠三分
戊寅

大運　乙卯　甲寅　癸丑　壬子　辛亥　庚戌　己酉　戊申

吳佩孚巡師　此殺刃格也。三月庚金本弱。得辰戌二印生之。酉刃助之。遂變弱為旺。又得丙殺透出。戌癸又化殺。故威風懔懔。銳不可當。四十一入辛運都身雖吉。然丙辛化水泄氣。又忌亥運合寅為財。中吉。逢庚申辛酉利於友人。

行年大利。五十一交庚運更吉。戌運冲辰提綱。殺印冲坏。主凶。至己又酉運。

又以巳酉丑主來告者。皆錄以備考。

壬戌
壬子　九歲
庚子
丙子

大運　癸丑　甲寅　乙卯　丙辰

曹仲珊總統　此造水冷金寒。雖喜丙火為用神。然冬令得三子二壬泄氣太甚。少年寒微。固與此合。惟庚金氣魄薄弱。雖丙殺蓋頭。四柱皆為純陽。究恐身弱難勝重任。核與事

所宜若以戌命內天地三朋格合之則氣魄沈雄乃合身分。

十四歲上辰運冲戌將火庫冲開七殺始顯然身窮殺重辰子又化水局洩氣亦非

内子

癸卯

乙卯

庚辰刃一歉

戊寅

丁巳　實不符幸四十九歲上丁運丁壬化木爲財。

戊午　巳運又為庚金長生可以扶搖直上以前四

甲寅　張錫鑾上將　身窮變旺喜行金土生扶運

癸丑　　初年行水運太坏四十一歲上庚運始從知

壬子

辛亥　事起至申酉運任巡撫將軍丁運任奉天將

庚戌　軍現在八十二歲在丁火運作官貴生身人

己酉

戊申　尚康強可稱富貴壽考此造取寅中獨殺為

丁未　根又有戊癸化火為光耀表裏兼賅故威鎭

丙午　一方到老不衰且時得天福故主晚年福壽。

乙卯　姜桂題上將　四月初七未時立夏交四月

癸卯　丙辰　庚申 十歲　辛巳

辛酉　庚戌 八歲　庚午　甲午　辛酉　庚辰　戊子

甲寅　節令生在巳時仍以三月算命身弱喜生扶。

癸丑　宜行金土運五十歲交辛運即任統領愈唱。

壬子　愈高庚運升提督酉運出任熱河都統與張。

辛亥　金波同為富貴壽考惟張有戊癸化火故以。

庚戌　文兼武姜純用七殺故純為武將死於辛酉。

己酉　臘月時七十九歲酉運巳完。

癸巳　徐紹楨上將　弱中變旺殺刃皆強又得金。

壬辰　土生扶更有擔當故初學刑名中文舉皆在。

辛卯　辛卯運留日陸軍歸國以道員任統制及營。

庚寅　務處皆在庚寅運辛亥反正前任江北提督。

己丑　入南京當衛戍總督得陸軍上將勳二位皆。

戊子　在巳運五十三上丑運到京辦銀行可見行

辛酉

丙申

庚子

丙戌

第二節　庚命中等格局

庚午

戊寅

庚辰　一歲

戊子

己丑

辛卯

壬辰

癸巳

甲午

乙未

己卯

庚辰

辛巳

壬午

金土之証子運欠利。

王士珍總理　秋日庚金又得申酉祿刃二
丙七殺透出為本身七殺故歷任專閫但時
逢七殺多無子所缺在此辰運起三十年大
利子運欠吉。

利子運欠吉。

蕭方駿秘書　正月庚金又得戊己辰土生
扶庚年比助身弱變強寅午火局在下丙主
文明喜行金土運不殺故不武至癸運會戊
化火透出官殺乃佳甲運會戊庚三奇又有

己卯　　　　　癸未　奇遇中運冲寅破官祿欠利。

甲申

戊寅　　　　　壬戌　公府侍從劉荊山　秋金得辛戊生扶酉刃

辛酉　　　　　癸亥　幫助大旺喜得寅中丙火七殺為用為財故

庚寅 偕一　　　甲子　行火木運皆佳三十一歲上乙運起三十年

　　　　　　　乙丑　大利。

戊寅　　　　　丙寅

　　　　　　　丁卯

壬申　　　　　甲寅　李小岩中將　水冷金寒喜丙丁金水傷官

癸丑　　　　　乙卯　喜見官慈又身旺獨才生官主木火運大發。

庚申 九歲　　　丙辰　戊運會癸化火大利惜四柱無火只借大運

　　　　　　　丁巳　補之故威權難行於外後果戊運大利。

庚辰

戊午
己未

丁丑
壬子

癸丑

庚子六欠三分

壬午
丁未

第三節　庚命下等格局

戊申　復起。故癸亥年又辦鹽務此五年尤吉

己酉　子故賦間四十六歲上戌運與癸化火躈而

庚戌　印生身以軍人致富四十一上酉運合丑破

辛亥　三十一歲上戌運會午成火局大利巳運正

壬子　戴維周中將　冬金水冷金寒得丁火爲用。

戊戌　壬順齊庚命坐申祿又得辛金帮身巳爲長

丁酉　生巳爲正印甚吉惜申亥一害巳申一刑巳

丙申　亥一冲故無子巳官冲坏故官不顯然乙未

庚申　五歲

壬辛

乙未　十年乙庚化金為正財未官又生身故此時

甲午　名利皆吉。

癸巳　袁仙舟　庚金得丁為正官人必純謹有為

庚辰　始入佳境。

庚子五多三分

壬寅　丁壬化木為財寅又為旺財未賣又生身財

己亥　官印食皆全惜丁官化財有官不顯四十五

丁未　行丁運乃惟少年仍為寒土戌運會寅冲辰。

庚子

戊戌

辛丑

丁酉

己丑

丙申　何茂萱　八月庚金又得酉刃會金局己丑

癸酉

壬申

辛未　為印殺生旺本吉惟午官冲坏酉刃又破壬

庚午　癸子又洩氣故文武皆不成惟得丑貴一重。

庚子　五次

壬午

己巳　雖被午破。亦得小名。將來上己巳戊運大佳。

戊辰　因戊癸化火己酉丑會金局故也。

丁卯　唐紹欽教員　秋金身旺戌土生之巳又為

辛酉　長生本吉惜壬癸亥水泄氣太甚巳長生又

庚申　被亥冲欠利然己未戊午二十年大利未運

己未

戊午　為貴人會亥財名利雙收戊會癸化火名噪

丁巳　一時此命中平而行運甚佳者也。

丙辰

癸巳

壬戌

庚寅　四歲

丁亥

第一章　西方金電辛命三等九級格局

第一節　辛命上等格局

上上格

己丑　宋慶提督少保　冬金得子辰金局水冷金

上中格

庚辰
戊子
辛未 五歲
戊子

庚寅　寒主少年微賤只取二印透出未中丁火獨
辛卯　殺爲用喜行木火運故癸巳戊午二十年威
壬辰　望蓋世以戊癸化火巳又爲金長生也甲運
癸巳　會戌庚成三奇午運冲子合午去病更吉七
甲午　十五歲入丙運合辛化水故死

上上格

辛巳
辛卯
辛丑亥 一歲
辛卯

庚寅　張作相省長　二月辛命本弱今上得四辛
巳丑　下得巳丑暗拱酉祿天元一氣地支半合固
戊子　爲奇特現在丙運身旺喜官將來酉運會局
丁亥　冲動財祿恐有意外
丙戌
乙酉　徐邦傑上將　此造亦二印透出庚金幫身
巳未

上格

戊申
戊午
辛巳　八欠
庚寅

上中格

辛巳　八歲
乙丑
庚寅
癸丑

上中格

癸丑
乙丑
辛丑
庚寅

庚申　寅巳火木刑冲不取只取午火獨殺爲用然

辛酉　午火會寅二貴夾拱福澤尤大成運會寅午

壬戌　即大發癸運會戌尤顯惜亥運沖巳子運沖

癸亥　午雖無宋慶之際遇然印貴生拱亦得上將

甲子　乙丑上壽可見生才相同遇合亦等也。

乙丑　張炳華都督　此爲水冷金寒喜丙丁之格。

甲子　取寅中丁火一重爲正官喜行火年運即發。

壬戌　下運無火只于戌中刑出火故此時以知事

辛酉　入仕至巳運由實業司任甘肅都督氣運不

庚申　旺只當數月至內辰年入未運沖丑即死此

己未　造在一掌經爲三權格故任督軍。

壬寅　藍天蔚都督　春金身弱喜戊戌丑土生扶。

丁丑

癸卯　五歲

辛卯

戊戌

辛丑　丁殺蓋頭故戊戌己酉庚子年在奉天當協

庚子　統辛亥反正由奉逃出又在烟台當都督在

己亥　已運內上亥運在川鄂回獨立辛酉春大敗

戊戌　自戕於重慶以二卯冲酉祿又逢春令卯月

癸酉　冲酉故死如能安命固守至戊戌十年當大

發展然辛金氣薄終難勝大任也

第二節　辛命中等格局

中中格

辛卯

甲戌

丁丑

辛卯

辛卯　二歲多三分

戊寅　公府侍從梁國棟　冬冷金寒喜丁火七殺

己卯　為用故有威權斷制然丑戌二印冲坏有殺

庚辰　無印已運當隊官殺吳祿貞統制名震一世

辛巳　辛無上賞壬運升侍從午運為貴人會戌尤

壬午　吉然午丑午卯破害亦美中不足

中上格

癸亥
癸亥
辛卯 七歲
乙未

中中格

辛未
甲午
辛巳 一歲

癸未
壬戌　高增爵省長　冬令辛金亦為水冷金寒喜
辛酉　丙丁之格故交巳運中舉以即用知縣到川
庚申　十年升至巡警道辛亥丁憂回陝又任陝西
己未　省長皆在戌運化癸為火午為貴人運合未
戊午　中丁殺在京賦閒財產大損戊午年除夕又
丁巳　遭大災恰脫午運皆因午破卯財之故丁殺
運更欠。

癸巳　李覲凡財主　五月辛金本弱辛得金木生
壬辰　扶乃得平平然午貴被子冲官貴無取惟取
辛卯　年月甲木合得正才歸庫故家成百萬亦先
庚寅　人餘業也。

中上格

戊子
壬寅
己酉
辛巳　借一歲
庚寅

己丑
戊子
庚戌
辛亥
壬子
癸丑
甲寅
乙卯

呂海寰京卿　二貴拱祿格身旺財旺又為獨財故交甲寅乙卯運即成百萬巨富。位至京卿。雖為西太后賞識却非封疆大員。

第三節　辛命下等格局

下上格

壬午
乙丑
辛巳

己卯
庚辰
辛巳

汪星南　夏金坐酉祿會丑帮身辰酉又合金助之弱中變旺惜二壬洩氣午貴破丑美中不足喜行金土運故己戊運當監督。丁丙

辛酉 八歲

壬辰

丙子

庚寅

辛亥 七歲 三分

己丑

冲。妻子不利。乙未十年亦佳。一掌經得天貴天福亦吉。

乙丑

戊寅 運不利。

丁丑

丙子

辛卯 徐恩永科長 正月辛金身弱以水冷金寒

壬辰 喜丙丁論又喜火運但丙火合辛化水丁火

癸巳 兒丙爲官殺混只喜金土運乃吉故辰癸水

甲午 運皆差己丑會金局比助差可然寅又刑巳

乙未 美中不足甲己化土爲財運故任銓叙局僉

丙申 事科長午爲貴人七殺有名無利然午子一

丁亥 林世熏翰林 辛金生冬令爲水冷金寒喜

丙戌 丙丁。四柱取丁殺爲用木運生火炙之故甲

戊子

辛亥 一破

丁酉

戊戌

辛未借一歲

己亥

丙戌

壬午

癸未

甲申

乙酉 乙運中。在鄂候補道員癸運點翰以戊癸化

甲申 火也壬運合丁火化木在京當議員午運吉。

癸未 惟冲子破酉生祿位欠完美

壬午 陸金生上校　冬令金寒。喜得丙火正官為

庚子 用。下行寅木貴人運又合成火局故寅運

辛丑 當偵探長驟發富貴癸運與戊化火亦在湖

壬寅 南任偵探亦吉卯甲乙巳皆木火美運惟辰

癸卯 運冲破火局成水冷金寒不美。然有此三十

甲辰 年奸運亦頗難得如修德善守亦可度過辰

乙巳 運。

第十二章　北方水電壬命三等九級格局

第一節　壬命上等格局

上上格

癸亥
壬戌
壬戌
庚戌

辛酉
庚申
己未
戊午
丁巳
丙辰
丁卯
丙寅
甲寅
也

蕭山毛西河學士壽八十五歲　壬水秋生得旺氣支上戌亥為殺為祿有水歸滄海之象戌中丁火為獨財戌為獨殺庚為獨印。水一氣大海茫茫氣象萬千真得天地間氣也。

上上格

辛未
丁酉
壬戌　九歲
丁未

丙申
乙未
甲午
癸巳
壬辰

洪秀全天王　身旺而官殺爭權事多駁雜。再行官殺運即凶故庚戌年四十歲道光末年起事正在癸運內越十五年同治三年甲子至辰運而敗。在江南稱天王改國號太平天國後為曾國藩所敗。

一八

上中格

甲申
辛未
壬申　九歲
戊申

辛卯
壬申
癸酉
甲戌
乙亥
丙子
丁丑
丁丑

尹昌衡　身弱喜行金水運生扶故在癸運。出洋歸國在川治兵酉逢辛亥年當四川都督壬子癸丑年當川邊經畧使甲寅年交甲運泄氣入京請餉被逮。

上上格

甲寅
丙子　七歲
壬戌
戊申

辛巳
丙辰
己卯
戊寅
丁丑

張勳上將　冬水身旺又得水火局助之喜行火運武人喜旺亦宜行金水運生扶故巳運爲貴人任南京提督辛亥反正時從南京衝圍出駐兵徐州皆在巳壬運。午運沖子刃遂行復辟事敗後全軍盡沒以

上中格

丙午
庚寅　僅一歲
壬午
丙午

壬午　午財沖子刃過剛則折也，凡陽刃沖動皆主凶危，此人如有學識必不致敗。

辛卯　宣統帝　身弱喜行金水運生扶故三歲為帝。

壬辰　帝在辛運六歲上卯木貴人運泄氣且與午

癸巳　破故失位然癸巳十年恐有變化到甲運泄

甲午　氣太甚恐大不吉。

乙未

丙申

壬申　十歲
癸酉
巳巳
丙午

壬申　段芝貴總長　金白水清身旺巳極官刃生

辛未　合文武兼長下運從壬起辰止五十年好運。

庚午　雖戊殺與巳官相混然戊癸化火辰酉合金。

巳巳　化為財印運主運雖復雜却得平安或因禍

奉督丙辰年四十八歲在已運長陸部交戌運後即賦閒矣

庚子

戊辰　得福餘皆吉故未運正官當警道庚運任黑

丁卯　龍江巡撫午運冲子刃被參已運又當軍長。

壬寅

癸丑　張有亮總督　天干一氣又會水局長生羊

壬子

甲寅　刃身旺已極專取寅宮戌殺丙才成獨殺獨

壬申　三歲

乙卯　財為用三十三歲上丙辰。三十年火土運即

壬寅

丙辰　大發後任兩廣總督在午運內已運內壽終。

丁巳

戊午

乙巳

甲申　程平齋軍門　秋水得金局生旺喜行火土。

乙酉

壬午　故行壬午辛巳火旺五十歲交已運解職

辛巳

壬戌 十歲　　　庚辰
丙午　　　　　己卯
　　　　　　　戊寅
戊寅　　　　　丁卯
乙丑　　　　　戊辰
壬辰 九歲　　　己巳
庚子　　　　　庚午
　　　　　　　辛未

丙寅

袁克定　壬騎龍背格。冬令天寒水冷。宜見
丙寅中丙火為用。以陽火乃成雷雨經綸。故取寅中丙火為用。以
木火運為上吉。三十九歲丙辰年上己運。官
殺混。丁父艱。四十二歲己未年丁母憂。上己
運即大發。庚午運亦佳。餘平平。

第二節　壬命中等格局

中上格

丙寅　　　　　庚子

己亥　　　　　己亥

丙寅　　　　　庚子

李道江道尹　秋水氣旺。又得庚戌殺印透
出。自是有胆有識。下會火局為財。身旺財旺。

新富命數學

戊戌　　　　　　辛丑　　故富稱百萬

壬午 九歲　　　壬寅

庚子　　　　　　癸卯

己巳　　　　　　甲辰

中小格

甲戌　　　　　　癸酉　　顧墕　此與段芝貴同是身旺但己官被甲

壬寅 十歲　　　壬申　　克合父有成殺以混官子丑雖得庚生而無

庚子　　　　　　辛未　　申字會局故此段不如然亦在壬運點翰甲

中上格

壬午　　　　　　庚午　　運放主考辛運當參事未運被戍刑為官殺

　　　　　　　　己巳　　混被逮午運冲子亦凶己運被甲克己運被

　　　　　　　　戊辰　　寅刑皆與段差故午運內即病故身後蕭條

　　　　　　　　癸卯　　蔡漢卿中將　身弱變旺喜行金水而下運

　　　　　　　　甲辰　　無之只有火運作財是為命好運不好且己

壬寅

壬寅　四歲欠

庚戌

壬寅

壬辰　二歲

己丑

癸酉

丁丑

乙巳　運爲貴又被寅刑。故辛亥雖反正立功甲寅。

丙午　被逮入獄皆在巳運餘平平。

丁未　胡宗銓　身旺取巳爲正官寅中獨財爲用

戊申

辛未　午運會寅爲陸部副官頗得大意將來巳火

庚午　貴人會金局主得奇遇以丑酉拱巳貴故也。

己巳

戊辰

丁卯　于秉良侍從武官　壬水身弱喜金水運幫

丙午

乙巳　助故辰運入武職至壬運升侍從寅運會午

丁未

壬午　借一

甲辰

癸卯

壬寅

辛丑

甲辰

壬寅

辛丑

為財局因此致富廿運欠佳以官殺混也。

中上格

第三節　壬命下等格局

戊子

癸亥

壬寅　七次

辛丑

甲子　魏震生　冬令水冷金寒喜得戊癸化火與

乙丑　寅中丙火為生機為身旺財旺下行火運即

丙寅　大發後果入丙運為鄂督住京代表發財數

丁卯　十萬。

戊辰

己巳

壬戌　彭邱生女命　女命與前相似年近八旬兼

得誥封。亦爲身旺財殺俱旺而無雜氣者之

辛酉
庚申
己未　吉徵
戊午

戊申
癸亥
壬子借一
庚戌

第三節　壬命下等格局

己未　周福生　水冷金寒喜丙丁專取未辰爲官一重
戊午　丁火爲用下行火運即發福但未辰爲官殺
丁巳　相混雖是金白水清聰明過人而於名利則
丙辰　遜也。
乙卯
甲寅

癸未
庚申
壬辰　三歲
辛亥

第十三章　北方水電亥命三等九級格局

第一節　癸命上等格局

上上格

壬申
癸卯
壬子　十歲
甲辰

甲辰　王茨楚科員　二月壬水雖弱得水局與年
乙巳　月上癸水幫助變強但卯貴被刑剋財太重
丙午　柱又缺火故名利皆小然下行火運亦多小
丁未　差惟四十五歲逢丙辰年交未運官殺爭權
戊申　遂暴病死於八月以命理看身弱變強本不
巳酉　致死然因在軍法處掌刑太久或少培植古
云皋陶之後不昌以其為刑官也信然

上中格

丙辰
戊寅
己未

丁巳　胡景伊將軍造。三月癸水身弱財殺甚重。
戊午　戊為正官透出故主謀畧正當又得印局生
己未　扶故權印甚重然仍宜行金運生扶故庚申

癸酉四歲欠

丁巳

庚申　十年。由廣西統領回川任督軍以至將軍。

辛酉

壬戌

癸酉　巳丑印生年上巳殺蓋頭性情好殺時上丁

甲戌　張朋三　癸水冬生得旺令又得亥水帝旺。

壬申　火生出變化故運雖無火行申辛十年亦富

辛未　貴雙收惟至未運會卯亥泄氣又冲身宮丑

庚午　支冲坏印局又得七殺自冲故死于癸亥年

己巳　四月內然又善終於任內者以未合卯貴會
木局冲巳丑印局也。

上下格

己卯

乙亥

癸丑六歲

丁巳

乙酉　陽光化育即是天機惟亥未會局巳亥又冲

丙戌　陳廷傑省長　身旺殺旺又坐巳貴得丁巳

上中格

乙亥

上下格

丁亥
癸巳七歲欠
己未

甲申　將旺氣變為傷食首宜火運次宜金水運故
癸未　酉運鄉舉後分發廣西丙運任川西道尹癸
壬午　運任四川省長未運稍次然未中丁火化解
辛巳　亦平安壬運合丁火任蒙藏院副總裁以後
午巳運尤佳。

甲子
癸卯十歲
壬申
丁巳

壬申　龍保卿　癸命得申子助旺己卯二貴為財
癸酉　又傷官巳中戊土為獨官丁壬化木又化出
甲戌　傷官子嗣財又皆旺但子卯互刑官貴不足
乙亥　僅得道尹家本素封又丁運化木洩氣而死
丙子
丁丑
乙巳　周道剛將軍　五月癸命身弱幸得辰為水

丁丑

丙午 五歲

癸亥

丙辰

甲辰　庫有根。本命又坐亥水旺地。故不畏官殺相

癸卯　混從卯運回川辦武校起蒸燕口上歲上壬

壬寅　運。在川被刺後到京當諮議丙辰年由師長

辛丑　當督軍皆在寅運。不數月解職以後金水運

庚子　亦吉。

第二節　癸命中等格局

庚午

癸巳

甲寅

壬辰　後皆平平。

辛卯　運

庚寅　運故庚運在鄂當候補道辛運在京任科員

己丑　仍變弱身不任財亦主中平富貴喜行金水

戊子　亦見刑克。癸水雖在冬旺令然土克木泄水

丁亥　王爾康　身旺財旺。而財局又見刑破貴印

辛巳　乙未　癸亥　丙辰

戊寅　辛酉　癸丑　甲寅

甲午　黃自祥少將　身弱喜金水運生扶而亥水

癸巳　合木父被巳沖辛金合丙父被巳克幸早年

壬辰　金水運多在壬運逢辛亥反正得少將其後

辛卯　在京亦佳惟卯運會木局洩氣庚運亦吉

庚寅

己丑

壬戌　薛晉賢議員　癸命得金水旺氣本吉奈二

癸亥　寅一甲洩氣水木運太多成為水冷金寒喜

甲子　丙丁宜以火為用取柱中戊癸化火寅中丙

乙丑　火為用四十二歲丙寅運甚吉惟丙辛化水

丙寅　美中不足至寅丁二運尤佳

丁卯

第三節　癸命下等格局

癸未　甲寅　黃汝鑑議員　癸水春生未中獨財會局木

乙卯　癸丑　旺身弱喜金水生扶。下行子亥辛庚運皆佳。

癸酉　壬子

壬子　癸酉　辛亥

　　　　壬子　辛亥　庚戌

　　　　己酉

壬子　戊戌　李新齋　癸水身旺又被壬子刧財雖有獨

癸未　丁酉　殺獨財不能自主所管糧局軍餉月支數千

己亥　丙申　萬而于私儲仍少。

辛酉　乙未

　　　　甲午

癸巳

丙申　庚子　癸巳　壬子
己未　癸未　辛卯　丙子　己巳

庚子　辛丑　壬寅　癸卯　甲辰　乙巳　庚寅　己丑　戊辰　丁亥　丙戌

李芬果　癸水冬旺又被壬刧獨取丙火為用寅運會成火局本吉惟刑巳冲申財官反忌交三十一歲癸卯運癸為本身卯為貴人合成火為財為一生精華至巳運亦吉。

陳增燊　二月癸水巳窮又被巳未三殺克制卯未木局洩氣如無刼印即主天壽幸得辛金為印合丙化水助之而子水又助之故為窮中變旺財官殺印俱全之格惜卯為長生貴人子為日祿皆被刑破故為下級軍人。

下中格

丙戌

戊戌

癸亥　三歲欠

壬戌

乙酉　當巡官十餘年不升者即此現行丙爲財稍
可成運官殺相混欠利

己亥　曾仲成命　癸命坐亥水生秋末水旺時壬

庚子　父助之可作身旺看但三戌一戌爲四官

辛丑　克身官重身輕無印生財奔波勞苦出自草

壬寅　茅無祖業可靠自不待言幸戌官相合丙爲

癸卯　正財再行此肩印綬運即發福下行金水運

甲辰　甚吉寅卯合戌爲財亦佳餘平平

乙卯　周鶴臯少將命　此命癸水春生得己酉爲

下中格

癸巳

丙辰

癸酉　借一

甲寅　印局生身年上癸水比助月上辰爲正官爲

癸丑　水庫帮助已卯二貴夾拱本是中上格惜

壬子　卯酉一冲身座與貴人冲壞不免小疵故癸

癸酉

乙卯

壬子　運內即得少將惜剝喪太多行至丑運官殺

辛亥　相混即死若能修德保身亦可度過可見積

己酉　德為先也

哲理電氣命數學第二冊終　中華民國十三年五月出版

第一二册定價大洋壹元五角

著作兼發行者　　彭仕勛

印刷者　　神工印刷局
宣武門外米市胡同二十九號
電話南局一千八百三十八號

代理發行神工印刷局
宣武門外米市胡同二十九號
電話南局一千八百三十八號

分發行　　京各大書房
北

編號	書名	作者	提要
占筮類			
1	擲地金聲搜精秘訣	心一堂編	沈氏研易樓藏稀見易占秘鈔本
2	卜易拆字秘傳百日通	心一堂編	秘鈔本
3	易占陽宅六十四卦秘斷	心一堂編	火珠林占陽宅風水秘鈔本
星命類			
4	斗數宣微	【民國】王裁珊	民初最重要斗數著述之一；未刪改本
5	斗數觀測錄	【民國】王裁珊	失傳民初斗數重要著作
6	《地星會源》《斗數綱要》合刊	心一堂編	失傳的第三種飛星斗數
7	《斗數秘鈔》《紫微斗數之捷徑》合刊	心一堂編	秘珍本「紫微斗數」舊鈔
8	斗數演例	心一堂編	珍稀「紫微斗數」舊鈔秘本
9	紫微斗數全書（清初刻原本）	題【宋】陳希夷	別於錯誤極多的坊本；斗數全書本來面目；有
10—12	鐵板神數（清刻足本）——附秘鈔密碼表	題【宋】邵雍	無錯漏原版 首次公開！ 秘鈔密碼表
13—15	蠢子數纏度	題【宋】邵雍	打破數百年秘傳 首次公開！ 蠢子數連密碼表
16—19	皇極數	題【宋】邵雍	皇極數另一版本；清鈔孤本附起例及完整 密碼表 研究神數
20—21	邵夫子先天神數	題【宋】邵雍	附手鈔密碼表 研究神數必讀！
22	八刻分經定數（密碼表）	題【宋】邵雍	附手鈔密碼表 研究神數必讀！
23	新命理探原	【民國】袁樹珊	子平命理必讀教科書！
24—25	袁氏命譜	【民國】袁樹珊	民初二大命理家南袁
26	韋氏命學講義	【民國】韋千里	北韋
27	千里命稿	【民國】韋千里	北韋之命理經典
28	精選命理約言	【民國】韋千里	北韋名著之命理經典
29	滴天髓闡微——附李雨田命理初學捷徑	【民國】袁樹珊、李雨田	命理經典未刪改足本
30	段氏白話命學綱要	【民國】段方	民初命理經典最淺白 易懂
31	命理用神精華	【民國】王心田	學命理者之寶鏡

編號	書名	作者	說明
32	命學探驪集	【民國】張巢雲	發前人所未發
33	澹園命談	【民國】高澹園	
34	算命一讀通——鴻福齊天	【民國】不空居士、覺先居士合纂	稀見民初子平命理著作
35	子平玄理	【民國】施惕君	
36	星命風水秘傳百日通	心一堂編	
37	命理大四字金前定	題【晉】鬼谷子王詡	源自元代算命術
38	命理斷語義理源深	心一堂編	稀見清代批命斷語及活套
39–40	文武星案	【明】陸位	失傳四百年《張果星宗》姊妹篇　千多星盤命例　研究命學必備

相術類

41	新相人學講義	【民國】楊叔和	失傳民初白話文相術書
42	手相學淺說	【民國】黃龍	經典　民初中西結合手相學
43	大清相法	心一堂編	
44	相法易知	心一堂編	
45	相法秘傳百日通	心一堂編	重現失傳經典相書

堪輿類

46	靈城精義箋	【清】沈竹礽	
47	地理辨正抉要	【清】沈竹礽	
48	《玄空古義四種通釋》《地理疑義答問》合刊	沈瓞民	
49	《沈氏玄空吹虀室雜存》《玄空捷訣》合刊	【民國】申聽禪	沈氏玄空遺珍
50	漢鏡齋堪輿小識	【民國】查國珍、沈瓞民	
51	堪輿一覽	【清】孫竹田	失傳已久的無常派玄空經典
52	章仲山挨星秘訣（修定版）	【清】章仲山	章仲山無常派玄空珍秘
53	臨穴指南	【清】章仲山	門內秘本首次公開
54	章仲山宅案附無常派玄空秘要	心一堂編	沈竹礽等大師尋覓一生未得之珍本！
55	地理辨正補	【清】朱小鶴	玄空六派蘇州派代表作
56	陽宅覺元氏新書	【清】元祝垚	簡易·有效·神驗之玄空陽宅法
57	地學鐵骨秘　附　吳師青藏命理大易數	【民國】吳師青	釋玄空廣東派地學之秘
58–61	四秘全書十二種（清刻原本）	【清】尹一勺	玄空湘楚派經典本來面目　有別於錯誤極多的坊本

編號	書名	作者	說明
89–90	嚴陵張九儀增釋地理琢玉斧巒	【清】張九儀	儀經典清刻原本！清初三合風水名家張九
88	《羅經舉要》附《附三合天機秘訣》	【清】賈長吉	法圖解 清鈔孤本羅經、三合訣
87	地理秘珍	【清】錫九氏	並茂 巒頭、三合天星、圖文
86	地理輯要	【清】余鵬	集地理經典之精要
85	地理方外別傳	【清】熙齋上人	巒頭形勢、「望氣」、「鑑神」
84	地理法門全書	仗溪子、芝罘子	深入淺出 內容簡核 巒頭風水，
83	趙連城秘傳楊公地理真訣	【明】趙連城	揭開連城派風水之秘
82	趙連城傳地理秘訣附雪庵和尚字字金	【明】趙連城	
81	地理辨正揭隱（足本）附連城派秘鈔口訣	【民國】俞仁宇撰	
80	地理學新義	【民國】王邈達	
79	曾懷玉增批蔣徒傳天玉經補註【新修訂版原（彩）色本】	【清】項木林、曾懷玉	三元玄空門內秘笈 清鈔孤本
78	元空法鑑心法	【清】曾懷玉等	門內秘鈔本首次公開
77	元空法鑑批點本 附 法鑑口授訣要、秘傳玄空三鑑奧義匯鈔 合刊	【清】曾懷玉等	過去均為必須守秘不能 公開秘密
76	姚氏地理辨正圖說 附 地理九星并挨星真訣全圖 秘傳河圖精義等數種合刊	【清】姚文田等	
75	玄空挨星秘圖 附 堪輿指迷	心一堂編	
74	元空紫白陽宅秘旨	心一堂編	
73	三元天心正運	心一堂編	
72	三元地理正傳	心一堂編	
71	三元挨星秘訣仙傳	心一堂編	與今天流行飛星法不同
70	三元玄空挨星四十八局圖說	心一堂編	公開秘密
69	三元地學秘傳	【清】何文源	
68	星卦奧義圖訣	【清】施安仁	
67	論山水元運易理斷驗、三元氣運說附紫白訣等五種合刊	【宋】吳景鸞等	《紫白訣》《玄空秘旨》 失傳古本
66	謝氏地理書	【民國】謝復	淺出 玄空體用兼備、深入
65	地理辨正天玉經內傳要訣圖解	【清】程懷榮	并茂 秘訣一語道破、圖文
64	許氏地理辨正釋義	【民國】許錦灝	力薦 民國易學名家黃元炳
63	地理辨正自解	【清】李思白	工部尺、量天尺」之秘 公開玄空家「分率尺、
62	地理辨正補註 附 元空秘旨 天元五歌 玄空精髓 心法秘訣等數種合刊	【民國】胡仲言	元、三合、天星、中醫 貫通易理、巒頭、三

編號	書名	作者	提要
91	地學形勢摘要	心一堂編	形家秘鈔珍本
92	《平洋地理入門》《巒頭圖解》合刊	[清] 盧崇台	平洋水法、形家秘本
93	《鑒水極玄經》《秘授水法》合刊	[唐] 司馬頭陀、【清】鮑湘襟	千古之秘，不可妄傳匪人
94	平洋地理闡秘	心一堂編	雲間三元平洋形法秘鈔珍本
95	地經圖說	[清] 余九皋	形勢理氣、精繪圖文
96	司馬頭陀地鉗	[唐] 司馬頭陀	流傳極稀《地鉗》
97	欽天監地理醒世切要辨論	[清] 欽天監	公開清代皇室御用風水真本
三式類			
98-99	大六壬尋源二種	[清] 張純照	六壬入門、占課指南
100	六壬教科六壬鑰	[民國] 蔣問天	由淺入深，首尾悉備
101	壬課總訣	心一堂編	
102	六壬秘斷	心一堂編	過去術家不外傳的珍稀
103	大六壬類闡	心一堂編	六壬術秘鈔本
104	六壬秘笈——韋千里占卜講義	[民國] 韋千里	六壬入門必備
105	壬學述古	[民國] 曹仁麟	依法占之、「無不神驗」
106	奇門揭要	心一堂編	集「法奇門」、「術奇門」精要
107	奇門行軍要略	[清] 劉文瀾	條理清晰、簡明易用
108	奇門大宗直旨	劉毗	
109	奇門三奇干支神應	馮繼明	天下孤本 首次公開
110	奇門仙機	題 [漢] 張子房	虛白廬藏本 《秘藏遁甲天機》
111	奇門心法秘纂	題 [漢] 韓信 (淮陰侯)	奇門不傳之秘 應驗如神
112	奇門廬中闡秘	題 [三國] 諸葛武侯註	
選擇類			
113-114	儀度六壬選日要訣	[清] 張九儀	清初三合風水名家張九儀儀擇日秘傳
115	天元選擇辨正	[清] 一園主人	釋蔣大鴻天元選擇法
其他類			
116	述卜筮星相學	[民國] 袁樹珊	民初二大命理家南袁北韋
117-120	中國歷代卜人傳	[民國] 袁樹珊	南袁之術數經典